KB070645

어른의
것

불안한 세상에서 나를 지켜내는 힘

어른의
것

한상복 지음

위즈덤하우스

불안한 세상에서 나를 지켜내려면

'어떻게 살아가야 할지 모르겠다'는 두려움이 엄습해온 것은 서른다섯 살 무렵이었다.

면도를 하며 거울을 보다가 '벌써 인생의 절반을 지나고 있구나'라는 생각이 문득 들었다. 그러자 앞으로 펼쳐질 나머지 절반의 인생이 막막해졌다. 막막함은 곧 두려움으로 바뀌었다. 만성 두통 때문에 예약했던 종합병원의 교수로부터 "그렇게 무리하다가는 마흔도 안 돼 쓰러진다"는 경고를 받은 후였다.

'어떻게 살아야 하지?'

그림이 그려지지 않았다. 거울을 마주한 채 한동안 서 있었다. 그게 내 인생의 또 다른 출발점이었다.

하지만 불안과 고민이 한 바퀴 구르자, 나를 움직이는 동력으로 변했다. 다니던 신문사에 사표를 냈고 낯선 길로 접어들었다. 확신 없는 선택과 행동을 반복하면서 두려움에 적응했고 기대감을 키워나갔다.

결국 그때는 생각하지 못했던 삶을 지금 살고 있다. 불안과 두려움이 나를 오늘 여기까지 데려온 셈이다. 나만 그런 것은 아니다. 내 또래 친구들도 비슷한 시기에 비슷한 경험을 했고 그때의 선택을 현재의 삶으로 이어가는 중이다.

나는 '하프라인' 시기를 어떻게 보내느냐에 따라 인생이 달라진다고 생각한다. 사람마다 수명이 다를 테지만 대개 인생의 하프라인은 서른에서 마흔까지의 시기일 것이다. 대다수의 사람이 이 시기에 극적인 변화를 집중적으로 겪는다. 취업 후 회사에 적응하거나 이직 또는 창업을 하며 각자의 선택에 따라 인생의 가파른 상승 곡선을 그린다. 사랑과 이별을 경험하고 결혼을 해 가정을 꾸리기도 한다. 인간관계나 업무에 대한 성과, 자기계발 등의 부분에서 높은 성취감을 맛보기도 한다.

이 시기는 또한 자신을 객관적으로 판단할 수 있는 안목이 생기는 시기다. 숱한 실패와 좌절을 통해 자신이 어떤 사람인지 돌아보고, 모든 결정과 그에 따른 책임은 자기 몫이라는 것을 받아들이게 된다. 이 과정에서 우리는 부모로부터 독립해 '어른의 인생'을 살아간다.

결국 하프라인 지점에서 삶의 방향을 어디로 잡느냐에 따라 인생 전부가 결정된다고 볼 수 있다. 가정과 일, 개인이라는 모든 차원에서 그렇다. 거의 모든 인생 반전 드라마가 이때 만들어진다.

그 이후의 내리막길을 최대한 천천히 내려올 지혜도 미리 다 져놓아야 한다. 선배들의 이야기처럼, 사십 대 중반에는 직장에서의 자신의 결말이 슬슬 드러나고, 오십 대에 이르면 더 이상 오르막길이 있지 않다는 사실을 알게 된다. 쉰다섯에 은퇴한다고 해도 평균 수명인 일흔다섯까지 20년을 살아야 한다. 그것도 성숙한 어른으로 보내야 할 20년이다. 하프라인에서 '나다움'이 무엇인지 깨달은 사람만이 살아가는 이유와 보람을 지켜낼 수 있다.

삶의 가장 중요한 전환기. 이 시기에는 내색을 하든 하지 않든 누구나 불안하고 두렵다.

이 책은 불안에 지지 않고 앞으로 나아가고 싶은 사람들을 위한 일종의 '가이드북'이다. 사람마다 처한 상황이나 가야 할 길, 가치관 등이 다르니 참고용일 수밖에 없지만 이 시기를 먼저 겪은 다양한 사람들의 이야기이니 도움이 될 것이라 생각한다. 특히 인생의 하프타임을 지나며 경험한 실수나 후회, 좌절에 대한 이야기는 인생을 미리 예습하기에 좋은 사례들이 될 것이다.

이 가이드북이 삶의 불안으로부터 자신을 지키는 데 작은 도움이 되기를 바란다.

3

불안과 두려움을
여유와 자신감으로 바꾸는 힘

4 아직 내게는
실패하지 않은 날들이 남아 있어

1

괜찮은 척,
안 아픈 척하며
살아가는 나에게

꿈을 이루지 못한 게
얼마나 다행인지

내 꿈은 신문사 문학 담당 기자였다. 어렸을 때, 신문에 연재됐던 '문학기행' 시리즈를 보며 일찌감치 결심했다. 지금은 소설가로 널리 알려진 김훈 씨가 당시 담당 기자였고, 나도 그 신문사에 들어가 같은 일을 하고 싶었다.

그 꿈은 이뤄지는 듯했다. 필기시험을 통과해 최종 면접까지 간 것은 좋았다. 그런데 면접 위원 한 명이 브레이크를 걸었다. 그는 빨간 티셔츠에 청바지 차림으로, 정장을 입은 사람들 사이에서 확실한 존재감을 드러내고 있었다. 자기소개서를 훑던 그가 퉁명스럽게 말했다.

"문학 담당? 김훈? 툭하면 사표 내고 없어지던 ×을 뭘 그리 좋아해? 그만 됐으니 가봐."

나는 얼떨떨한 상태로 면접장을 나왔다. 확인해보니 그분이 사장이었단다. 한숨이 나왔다. '떨어졌구나….'

김훈 기자의 시리즈를 좋아했다는 자기소개서의 한 줄이 그렇게 큰 결격 사유가 될 줄은 몰랐다.

그런데 며칠 후 전화가 왔다. 같은 신문사 계열 경제신문에 2지망으로 합격했다는 것이었다. 나는 스포츠와 경제신문 중 경제신문을 2지망으로 선택했었다.

예상치 못한 결과에 경제신문에 입사할지 아니면 내년에 다시 도전할지 고민했다. 하지만 결론은 이미 난 것이나 다름없었다. 재수를 한들, 면접에서 다시 사장을 만나면 어떤 말을 들을지 뻔했다.

"또 왔어? 됐으니까 그냥 가!"

꿈을 꾸는 것도 중요하지만 그 꿈은 현실에 발을 딛고 있어야 한다. 때로는 꿈보다 '현실'에 방점을 찍어야 할 때도 있다. 현실적이지 않은 꿈이라면 그저 몽상에 그칠 테니 말이다.

꿈을 이루지 못한 나는 현실과 타협해 '그래도 신문 기자가 되는 게 어디야'라고 마음을 고쳐먹었다. 하지만 그럼에도 불구하고 아쉬움은 사라지지 않았다. 영문학을 전공했고 대학 시절 내내 문학 동아리 활동을 했는데 딱딱하기 이를 데 없는 경제 신문 기자라니…. 엉뚱한 길로 와버렸다는 억울함을 떨치기 어려웠다.

감이 오지 않는 경제 용어와 숫자로 가득한 기사에 적응해가면서도, 가고 싶었으나 가지 못한 길에 대한 미련으로 가슴앓이를 했다.

지금 나는 문학 담당 기자도, 경제 기자도 아닌 이런저런 글을 쓰는 작가다. 책을 쓰는 게 주업이고, 부업으로 신문 칼럼이나 잡지 등에 글을 기고한다.

원래의 꿈과 다른 길로 와버린 것이다. 하지만 꿈을 이뤘다면 지금보다 훨씬 행복했을 거라고 생각하지는 않는다. 무엇보다 꿈을 키워갈 때의 나와 지금의 나는 전혀 다른 사람이기 때문이다. 세월과 경험, 의지에 따라 생각도 달라지기 마련이다.

심지어는 꿈을 이루지 못한 게 얼마나 다행인지 모르겠다는 생각도 한다. 문학을 담당하는 기자가 아니기에 즐거운 마음으로 소설을 읽는다. 기사를 쓰기 위해 책을 읽어야 한다면 지금처럼 편하게 소설을 접할 수 있었을까. 꿈을 이뤘더라면 우리

나라 문학계에 심대한 폐를 끼쳤을지도 모른다. 내가 좋아했던 부류의 소설 외에는 인정하지 않는 어쭙잖은 고집을 부렸을 테고, 나답지 않은 엄숙주의로 까다로운 평론가보다 까칠하게 기사를 썼을 것이다.

문학 담당 기자의 꿈이 동경의 수준에서 끝난 것이 천만다행이다. 동경이 현실로 바뀌면 그 현실은 예상과 다를 수밖에 없다는 것을 세상과 부딪치며 알았다. 이런 종류의 '앎'은 누군가 미주알고주알 설명해줘도 소용이 없다. 몸으로, 경험으로 뼈에 새기고서야 비로소 알게 된다.

나는 꿈을 이루지 못한 덕분에 더 넓은 세상을 만날 수 있었다. 이제는 경제신문 기자로 일하기를 잘했다는 생각이 든다. 경제 기자로 일하며 국내외의 다양한 현장을 누볐고 기업과 금융권, 정부 부처 등을 취재하며 수많은 사람을 만났다. 먹고살아가는 현장만큼 땀과 눈물, 기쁨과 보람, 신경과 근육의 기운이 생생하게 전해지는 곳이 없다. 다양한 사람들의 '사는 맛'을 그들 곁에서 함께 느끼며 배웠고, 살아 있는 현장이 나의 좁은 시선을 트이게 해주었다. 한마디로 세상 물정을 알게 된 것이다.

인생의 하프라인을 지나며 또 다른 꿈이 생겼다. 오늘날의 팍팍한 현실을 반영한 장르 소설을 쓰는 게 그것이다. 출판사 편집자들과 함께한 미팅 자리에서 이 아이디어를 들려주니 재미있겠다는 반응이 돌아왔다. 그러나 막상 회의에서는 곧바로 이야기가 달라졌다.

"그 꿈은 나중을 위해 간직하는 게 더 낫지 않겠어요?"

일리가 있는 말이다. 어떤 꿈은 서두르지 않고 지켜보며 기다리는 게 나을 수 있다. 누가 알겠는가. 그 꿈이 상상할 수 없었던 다른 세계로 나를 다시 한 번 이끌어줄지.

하고 싶은 게 많다면
아직 기회는 충분하다

              요즘 후배들은 우리 때보다 판단이 빠른 것 같다. 영민한 친구들은 며칠 또는 몇 주 만에 이 회사에 계속 다녀야 할지 말아야 할지를 결정한다. 이직이 잦은 후배들을 비딱하게 보는 시선도 있지만 다른 관점에서 보면 이직도 능력이다.

    아직 이십 대라면 혼란스러울 수밖에 없다. 무엇을 하고 싶고, 무엇이 될 수 있을지 확신할 수 없기 때문이다. 그럴 때 각광받는 무언가가 눈에 들어오면 그쪽으로 관심이 쏠린다. 결혼도 그렇다. 너무 늦기 전에 해야 할 것 같은데, 한편으로는 책임질 일도 적고 이미 익숙해져버린 나만의 삶을 포기할 수 없다는 생각도 든다.

삼십 대 초반까지는 친구들과 비슷한 삶을 산다. 경험치가 적기 때문에 내가 진정으로 하고 싶은 일이 무엇인지 분명하지 않고, 그 일의 본질과 한계도 파악하기 어렵다. 때로는 일이 힘들고 시시하며 보람도 없게 여겨진다. 그러다 보면 '이건 진정한 내가 아니야. 정말로 좋아하고 잘할 수 있는 일은 따로 있을 거야'라는 생각이 굳어진다.

사람들은 하던 일을 그만두거나, 회사를 옮기거나, 먼 곳으로 여행을 갈 때 "진정한 나를 찾고 싶다"고 말한다. 나도 그랬다.

나는 신문사에 입사해 10년을 못 채우고 퇴사했다. 회사를 그만두기까지 무척 힘들었다. 한동안 일중독에 빠져 무리하다가 병원에서 경고를 받고는 무기력증에 빠졌다. 취재에도, 기사 작성에도 의욕을 잃었다. 출근하는 게 얼마나 싫었으면 아침에 눈을 뜨는 게 두려울 정도였다.

결국에는 일이 나와 맞지 않는다는 결론에 이르렀다. 그걸 깨닫는 데 10년이 걸린 것이다. 물론 그때는 기자 일을 통해 내가 얼마나 많은 것을 배웠는지 스스로 인식하지 못한 상태였다. '나다움'이 어떤 것인지 알기까지는 의외로 오랜 시간이 걸린다.

사람들 대부분은 이것저것 해보고, 상당한 시간이 흐른 후에야 비로소 자신이 정말로 원했던 것이 무엇인지 깨닫는다. 내 주위에도 어렵게 공부해 의사가 되었지만 결국 병원을 그만둔 친구들이 있다. 한 명은 목사, 한 명은 번역가의 길로 인생의 방향을 틀었다. 부모님의 바람과 사회 통념에 따라 의사가 되었지만 뒤늦게 진정한 나를 찾아 결단을 내린 것이다.

진정한 나를 찾겠다고 인생의 경로를 여러 번 바꾸는 사람들을 보면 무모하거나 무책임한 것 아닌가 하는 생각이 들 수도 있다. 하지만 그들은 다른 사람들에 비해 조금 더 빨리, 조금 더 다양한 선택을 했을 뿐이다.

오로지 하나의 목표를 정하고, 그것을 향해 매진하지 않는다고 해서 이상하거나 실패한 인생은 아니다. 더구나 100세 시대가 성큼 다가왔는데 하나의 직업, 한 직장에서 일하다가 은퇴해 노후 생활을 누리겠다는 생각이라면 그것이야말로 허황된 생각이다.

진정한 나를 찾는 과정에서 시행착오를 겪는 것은 당연하다. 하지만 이런 우여곡절이 인생을 풍성하게 채워준다. 그렇기에 나를 찾아가는 여행은 잃는 것보다 얻는 게 더 큰 것이다.

철학자 키에르케고르는 말했다. "사람은 스스로 선택하지 못

할 때 절망을 느낀다. 그러나 가장 깊은 절망은 나 자신이 아
닌 다른 사람으로 살아가는 것이다."

　하고 싶은 게 여전히 많다면 아직 기회는 충분하다. 실제로
경험해봤는데 마음에 들지 않는다면? 걱정할 것 없다. 다음 차
례로 가면 되니까.

　결국 행운마저도 숱한 시도와 실패 끝에 그 실마리를 잡게
되는 것이다.

원치 않은 일을 선택한 것도
결국 나 자신이다

부모님의 기대에 따라 대학과 전공을 선택했다가 나중에 후회하는 사람을 많이 봤다. 한번은 후배가 이런 이야기를 한 적이 있다.

가족 모임에서 술 한 잔 마신 김에 부모님께 "엄마, 아빠의 강요로 사범대에 진학했다가 인생이 이상하게 풀렸다"고 신세 한탄을 했다가 되레 혼이 났다는 것이다.

예전 부모들은 교사가 최고라며 성적이 되면 딸들을 사대나 교대, 어문계열에 막무가내로 지원하게 했다. 하지만 가르치는 일, 특히 아이들을 가르치는 일은 아무나 할 수 없는 일이다. 아이들에 대한 각별한 애정과 사명감 없이는 감당하기 어려운 일이 많다.

후배는 사범대에 진학했지만 가르치는 일을 좋아하지 않았고 쉽게 설명하거나 설득하는 데 소질도 없었다. 결과적으로 교직 임용에 실패했고 학원 강사를 하다가 그만둔 뒤로 '내 인생은 왜 이 모양일까'라는 의문과 불만을 품어왔다. 그녀의 토로에 어머니는 기가 막힌다는 표정으로 대답했다.

"얘 좀 봐? 자기가 좋다고 갔으면서 이제 와서 무슨 소리래?"

진로를 선택하는 데 있어 부모님의 조언은 언제나 반은 맞고 반은 틀리다. 부모님의 조언은 거의 '안정적인 밥벌이'에 초점을 맞춘다. 그것도 (좋은 표현은 아니지만) '결혼 시장'에서 유리한 전공이나 직업을 선호한다.

그녀가 적성에 안 맞는 사범대에 진학한 이유에는 부모님의 체면과 욕심 탓도 있었겠지만, 스스로 휩쓸려 간 측면도 있을 것이다. 우리는 의외로 다른 사람의 말에 쉽게 흔들린다. 사람들이 어딘가로 우르르 몰려가면 나 혼자만 소외될까 봐 불안해한다.

하지만 확신을 갖지 못한 채 원치 않은 일을 선택한 것도 결

국 나 자신이다. 쉬운 일은 아니겠지만 선택에 대한 책임은, 아
무리 돌고 돌아도 최종적으로 나에게 있다는 것을 받아들일 때
우리는 다음 단계로 나아갈 수 있다.

　어떤 일을 좋아해서 하고 싶은지, 잘해서 하고 싶은지 따져보
는 것도 중요한 문제다. '좋아하는 일'과 '잘하는 일'에는 상당
한 차이가 있는데, 좋아하는 일은 해보지 않고도 알 수 있는 반
면 잘하는 일은 해봐야 알 수 있다. 다만 '좋아하는 일' 쪽에 마
음이 간다면 그게 '좋아 보이는 일'은 아닌지 다시 한 번 확인
할 필요가 있다.

　나는 원래 간이 작고 소심한 성격인데 마침 첫 직장이었던 신
문사가 '간 큰 사람으로 만들어주는' 탁월한 전통을 가지고 있
어 그나마 적응할 수 있었던 것 같다.

　회사는, 기자라면 강력범부터 대통령까지 스스럼없이 만나야
하며 주눅 들어서는 안 된다는 믿음을 가지고 있었다. 그래서
였는지 선배들은 후배들에게 끊임없이 술을 먹여 간덩이를 불
려주었다. 나의 간도 부었지만 소심함만은 어찌할 수 없었다.
정부의 고위 관료들에게 돌직구 질문을 던지면서도 속으로는
겁을 먹었다. 겁먹은 것을 들킬까 봐 더욱 겁이 났다.

　게다가 기자의 일이란 결국 누군가에게 상처를 줄 수밖에 없

는 일이다. 남에게 상처를 주면 나도 상처를 받는 게 이치였다. 누군가의 잘못을 파헤치거나 물고 늘어지는 기사를 쓰면 쓸수록 속이 개운치 않았고 억울함을 호소하는 전화라도 받는 날에는 잠을 이룰 수 없었다. 대범하지 못해 더욱 그랬다. 나는 어쩔 수 없는 겁쟁이였다.

그 이후로 진로를 고민하는 후배들에게는 "하고 싶은 일의 좋은 점만 보지 말고 안 좋은 점을 감당할 수 있을지 먼저 생각해보라"고 조언한다.

회사를 그만두던 날, 생각만큼 기분이 홀가분하지는 않았다. 후회와 허전함, 아쉬움이 복잡하게 섞인 이율배반적인 감정에서 한동안 헤어날 수 없었다.

그때 나는 맞지 않는 일을 스스로 선택했다는 사실을 인정하지 못했다. 누군가 과거의 내 선택에 대해 조언이라도 했다면 그에게 책임을 전부 뒤집어씌우고 싶었다. "간이 콩알만 한데 어떻게 나에게 이런 일을 하라고 등을 떠밀 수 있었느냐"고.

"이게 다 엄마 때문이야"라는 응석이 통하는 것도 이십 대까지일 것이다. 서른이 넘으면 정신적으로 독립한(엄밀히 말해 독립해야 하는) 어른이므로 모든 선택과 결정이 전적으로 자기 책임이다. 설령 부모의 강권에 따른 결정일지라도 책임은 현재를 살아가는 나에게 있을 수밖에 없다.

내 인생을 살지 않는 사람은 자신이 선택한 책임을 남에게 돌릴 수 있기 때문에 책임에 대한 부담으로부터 자유롭다. 그 대신 어떤 식으로도 채워지지 않는 막막한 공허함을 아주 오랫동안 견뎌야 한다. 물론 내가 선택한 인생을 사는 사람은 삶의 묵직한 무게를 어깨에 걸머져야 한다. 대신 자기의 의지로 일상을 채워가며 보람을 느낄 수 있다.

나는 수없이 남 탓을 반복한 끝에야 어쩔 수 없이 삶이 알려준 진실을 받아들였다. 내 삶에 대한 책임은 고스란히 내가 짊어져야 한다는 것 말이다. 어른의 입장이란 어찌됐든 다소의 억울함을 감당할 수밖에 없는 것이다.

얼굴이
살아온 시간을 말해준다

　　　　　미국의 링컨 대통령은 "마흔
이면 자신의 얼굴에 책임을 질 수 있어야 한다"고 했다.
　나이가 들수록 살아온 인생이 얼굴에 나타난다고 한다. 어떻
게 사느냐에 따라 아름다운 얼굴도, 추한 얼굴도 될 수 있다니
아름다움의 뿌리는 마음에 있다는 의미일 게다.
　아름다움은 생김새만이 아닌 삶의 태도를 내포한다. 젊은 시
절에는 타고난 생김새가 인상을 지배하지만, 나이가 들수록 인
생에 대한 태도가 인상을 좌우한다. 자신을 편안하게 받아들

일 때 표정을 통해 여유로움이 드러나고, 표정이 인상으로 자리 잡으면서 얼굴의 품위가 결정된다. 그래서 삶에 대한 태도가 아름다운 사람의 얼굴에서는 여유로움, 자신감, 즐거움 그리고 조화로움을 느낄 수 있다.

삶에 대한 균형 잡힌 태도는 돈으로 살 수 없는 가치다. 이는 또한 평생을 현명하게 살아온, 어른이 된 사람만이 누리는 인생의 선물이다.

어른이 되어야
알 수 있는 것들

초등학교 4학년 여름방학이 시작되던 날, 어머니가 시키는 대로 반장네 집에 갔더니 친구 몇 명이 모여 있었다. 과외 수업 자리였다. 알고 봤더니 담임선생님께서 반에서 몇 명을 뽑아 자기 남동생에게 과외를 주선한 것이었다.

하지만 나의 과외는 방학 한 달로 끝이 났다. 과외비가 너무 비쌌기 때문이다. 어머니는 몇 번이나 한숨을 쉬며 이렇게 말씀하셨다.

"우리 집은 부잣집도 아닌데 왜 연락이 왔는지 모르겠어…."

개학과 함께 나의 학교생활은 힘들어졌다. 다른 친구들에게 허락된 것들이 나에게는 허락되지 않았다. 담임선생님은 내가 창밖을 보는 것도, 뒤를 돌아보는 것도, 말을 건 옆자리 친구에게 살짝 대답하는 것도 용납하지 않았다. 대부분의 수업 시간을 교실 뒤편에서 벌을 선 채로 보내야 했다. 입에 담지 못할 폭언을 듣기도 했다. 그때는 선생님이 나에게 왜 그러는지 이해할 수 없었다. 하지만 왜인지 나에게 생긴 일들을 어머니께 이야기할 수도 없었다.

선생님이 나를 함부로 대하자 친구들도 나를 업신여기기 시작했다. 나는 자신감을 잃었고 어느 누구도 나와 친구가 되어주지 않았다. 그렇게 나는 혼자가 되었다.

시간은 과거의 기억을 희석시키는 힘이 있다. 최악이었다고 생각한 일도 십수 년의 시간이 지나면 마음을 다치지 않고 관조할 수 있게 된다. 그렇게 어린 시절의 상처를 조금은 건조하게 돌아볼 수 있는 때가 바로 서른에서 마흔 사이다.

서른둘, 외국으로 출장을 떠나는 비행기 안에서 갑자기 그때의 일이 생각났다. 제트기류로 인해 비행기가 요동치는 순간이었다. 통로 건너편에 앉은 아이가 "와~" 하고 환호성을 질렀다.

그 순간 영화를 빠르게 재생한 것처럼 그때 일이 생각났다.

여름방학의 과외는 내가 그만두고 나서 얼마 안 돼 깨졌다. 선생님으로서는 남동생의 학비를 해결해줄 묘책이 물거품으로 돌아간 셈이니 난감했을 것이다. 그 부담감이 분노로 바뀌어 가장 먼저 과외를 빠져나간 나에게 향한 것이었다. 나를 있는 집 아이로 잘못 봤던 자책감에, 눈치를 보다가 일제히 빠져나간 다른 엄마들에 대한 배신감이 그 분노에 무게를 실어주었을지 모른다.

선생님은 그때 서른도 채 안 된 나이였다. 서른두 살의 나는, 나보다 어렸던 그때의 선생님을 어느 정도 이해할 수 있었다. 그렇게 어렸을 때는 알 수 없었던 것들을 어른이 된 후 순식간에 깨닫게 되기도 한다.

치유란 눈물을 펑펑 쏟는 과정을 통해 일어날 수도 있지만, 그저 '그랬구나' 하고 납득이 안 됐던 순간을 받아들이는 것으로 싱겁게 끝날 수도 있다는 것을 흔들리는 비행기 안에서 알았다.

용서나 치유는 의외로 별것 아닐지도 모른다. 비행기가 검은 구름을 뚫고 올라가 만나는 맑고 푸른 하늘처럼, 짙고 무거운 느낌에 휩싸여 있을 때는 보이지 않지만 어떤 계기를 통해 솟구쳐 주변을 돌아보면 언제나 그곳에 있는 하늘 같은 게 아닐까.

어린 마음에 이유를 납득할 수는 없었지만 부당하다는 느낌은 꽤 강렬했나 보다. 그 후로는 어떤 선생님도 믿지 못했고 피해 다니기 바빴다.

하지만 나의 선생님 트라우마는 다른 선생님을 통해 극복됐다. 고등학교 2학년, 성적순이나 빈부의 기준으로 학생들을 차별하지 않는 선생님을 처음으로 만났다. 사실은 그런 선생님이 적지 않았을 텐데 내가 운이 없던 것일지도 모르겠다.

선생님을 만난 행운은 다른 선생님과 함께했던 모든 불운을 깨끗하게 해소할 정도였다. 인연은 지금까지 이어져 선생님과 제자들이 수시로 온라인상에서 소통하고 모임도 갖는다. 한문 담당이었던 선생님은 얼마 전에 은퇴하셨다. 하지만 매주 한 번씩 짤막한 고전을 보내주시면서 여전히 우리를 가르쳐주신다.

이제는 힘들 때면 어린 시절 기억을 떠올린다. 아팠던 기억으로 현재를 위안하려는 것은 아니다. 그보다는 불안을 몰랐던 순수함을 일깨우고 싶어서다. 오늘도 벌을 서게 될 것을 알면서도 아침마다 기쁜 마음으로 학교로 달려가던 그 철없음.

불안은 어른의 것이다. 이제 다 자라버린 나는 끝없이 펼쳐진 삶이라는 불확실성 속에서 끊임없이 질문하며 나아간다. 어디로 가야 할까. 어떻게 가야 할까. 정말 괜찮을까….

그렇기에 불안하지 않다면 오히려 더 문제다.

하지만 어두운 불안 속을 지나가면서도 어린 시절처럼 언제까지나 철없는 순수의 램프를 켜고 웃으며 나아가고 싶다. 그리고 그 시절, 지금까지, 또 앞으로도 잘 버텨줄 나에게 이렇게 말하고 싶다.

'잘 견뎌줘서 고마워. 그리고 앞으로도 잘 부탁해.'

돌아가는 길이
더 빠를 때가 있다

친구가 다니던 직장에 복귀한 것을 두고 사람들 사이에 말이 많았다.

친구는 10여 년 전에 퇴사해 다른 회사의 창립 멤버로 참여했는데, 그 회사의 인수합병으로 주인이 바뀌는 시점에 전 직장의 러브콜을 받아 재입사했다. 그러고는 곧바로 중요한 직책을 맡았다.

"그렇게 돌아갈 거였으면 애초에 뭐 하러 퇴사했어? 계속 다녔으면 훨씬 출세할 수 있었을 텐데…. 괜히 시간만 낭비한 거

아냐?"

적잖은 사람들이 이런 반응을 보였다. 하지만 과연 그럴까.

나도 전에는 둘러가는 경험의 비효율을 답답해했다. 우리 중 상당수는 '일직선 이론'의 신봉자다. 단번에 재능을 발휘할 수 있는 직장에 들어가 남다른 성과를 올리며 고속 출세 가도를 밟고 싶어 한다. 하지만 나이가 들면서 빨리 올라가야 한다는 초조함 때문에 잃는 게 많다는 것을 알게 되었다.

사람마다 인생이라는 레이스를 달리는 법은 각기 다를 수밖에 없다. 그러니 각자의 페이스에 맞게 달리는 것이 최선이다. 더구나 인생은 초장거리 경주이므로 출발점과 결승점 사이의 최단 거리를 찾는 것은 큰 의미가 없다.

친구가 원래 직장에 계속 다녔다면 그 자리에 발탁되지 못했을 것이다. 러브콜은 그가 지난 10여 년간 쌓은 다양한 역할과 노하우 덕분에 얻은 것이었다. 그는 바쁜 와중에도 대학원에 다니며 경영학 석사(MBA) 학위까지 받았다.

그가 원래 직장을 계속 다녔더라면 맡겨진 일을 하느라 다양한 경력을 쌓거나 학위를 받지 못했을 것이다. 그러니 첫 직장 밖의 다른 세계를 두루 경험한 것이 커다란 이득으로 돌아온 셈이다.

사람들은 남의 인생 경로를 작은 지도로 압축해서 본다. 웬만한 구간은 죄다 직선으로 보이기 마련이다. 그래서 "남들은 전부 잘나가는데…" 같은 푸념이 흔히 나온다.

하지만 본받을 만한 선배들의 이력을 꼼꼼히 살펴보면 그들이 직선거리로만 달려오지 않았음을 알 수 있다. 승진에서 탈락하거나 엉뚱한 곳에 발령이 나는 등 우회 경로를 밟은 것은 물론 정체 구간에서 대기하고 때로는 침체의 늪에 빠지기도 했다.

그런데 나는 이런 점을 깨닫고도 '최고 효율'과 '최단 거리'를 찾는 데 몰두했다. 매번 목표를 위한 계획을 세웠고 그게 수포로 돌아갈 때마다 원점으로 돌아오기를 반복했다. 아는 것은 쉬웠다. 하지만 아는 것을 행동으로 옮기는 것은 쉽지 않은 일이었다.

여러 번의 시행착오 끝에 이제는 늦었다는 생각이 들자 완전히 다른 생각이 찾아왔다.

"이미 늦었으니 차라리 여유 있게 돌아가 볼까?"

어차피 계산대로만 풀리지 않는 게 인생이라면 늦었다고 수선을 피울 이유 역시 없다. 직선거리보다는 먼 길로 돌아가며 여유를 가질 때 삶이 주는 소중한 가치를 발견할 때가 많다.

아무것도 안 하는 시간에
얻을 수 있는 것

사람마다 누리는 호사는 다 양하다. 어떤 사람은 먹는 데 많은 지출을 한다. 또 어떤 사람은 제일 좋은 자리에서 뮤지컬을 관람하는 게 인생의 낙이다. 여행에 쓰는 돈은 아깝지 않다는 사람도 있다.

1년에 한 번 해외여행을 즐기는 여성이 있다. 그녀의 지출에는 원칙이 있다. 나를 위한 여행을 고수하는 대신 쇼핑에 쓰는 비용을 최소화하는 것이다. 여행은 합리적으로 살아가는 자신에게 1년에 한 번 주는 최고의 선물이다. 그녀는 "부지런히 여행을 다니는 기쁨만은 나이가 든 후에도 포기하고 싶지 않다"
고 말한다.

그런 그녀가 올해에는 여행을 포기하고 도심 호텔에서 혼자
만의 휴식을 즐겼다. 그녀가 들려준 사연은 이렇다.

원래는 매년 추석 연휴에 휴가를 붙여서 해외여행을 다녔는
데 올해는 "꼭 유럽에 가고 싶다"는 팀 후배에게 추석 연휴를
양보하고 8월에 휴가를 냈다. 국내 어디라도 가볼까 했으나 성
수기에 나가봐야 고생이라는 생각에 여행을 포기했다.

이틀 동안 집에서 잠만 잤지만 그게 더 스트레스였다. 엄마의
잔소리가 끊이지 않았던 것이다. 누구는 벌써 애가 초등학교에
들어갔고, 누구는 100번도 넘게 선을 본 끝에 결혼 날짜를 잡
았고…. 쉬지 않고 그녀를 들볶았다.

그녀는 스마트폰을 만지작대다가 호텔 패키지가 저렴한 가
격에 나온 것을 보고 아이디어를 떠올렸다. "갑자기 부산 출장
을 가라는 연락이 왔다"며 부랴부랴 짐을 꾸려 집을 탈출한 것
이다. 집을 나올 때에는 약간의 죄책감을 느꼈으나 금세 후련
해졌다. 호텔에서 혼자 휴가를 보낼 생각에 가슴이 설렜다.

혼자가 좋은 이유는 남의 일정이나 기분에 맞출 필요 없이
오롯이 나만을 위한 시간을 보낼 수 있기 때문이다. 그녀는 '혼
자니까 한 끼를 대충 때운다'는 평소 엄마의 지론에 반대한다.

혼자니까 자신을 더욱 잘 챙겨야 하는 것이다.

　호텔에 도착해 가지런히 정돈된 하얀 침대 시트를 보자 기분이 좋아졌다. 욕조에서 느긋하게 목욕을 하고 머리를 말리는데 구름 위에 둥둥 떠 있는 기분이었다. 시원한 에어컨 밑에서 이불을 덮고 한참 자고 일어나니 엄마에게 전화가 왔다. "잘 도착했다"며 끊고 나니 다시 고요가 밀려왔다. 엄마의 잔소리가 물러간 텅 빈 혼자만의 시간.

　우리는 언제나 시간을 효율적으로 써야 한다는 강박을 갖고 있다. 무엇이든 가격 대 성능비를 따지는 사고방식에 익숙해서 일상의 여유마저 '가성비 끝판왕 급'이 되어야 한다고 생각한다. 하지만 살다 보면 '가성비 최악'의 호사스러운 선택이 그 자체로 얼마나 즐겁고 가치 있는 일인지 깨닫게 될 때도 있다.

　그녀는 도심 속 오아시스에서 마음껏 혼자임을 즐기며 따스하고 부드러운 이불 속에서 깼다 잠들었다가를 반복했다. 그러다 정신이 명료해지는 순간 "아! 행복해"라는 말이 절로 나왔다.

　값비싼 휴식을 온전히 즐기기 위해 가족과 통화할 때를 빼놓고는 휴대폰도 비행기 모드로 설정해두어 시간마다 연락이 온 게 있는지 체크했다. SNS도 조심했다. 괜히 자랑했다가 친구들이라도 쳐들어오면 평화로운 휴식을 송두리째 빼앗길 게 틀림 없었다.

우리는 휴식이나 재충전을 위한 여행을 가서도 해야 할 것과 가봐야 할 곳을 미리 정해놓고는 일정대로 움직여야 한다는 의무감에 쫓기고는 한다. 그러나 그녀의 이번 휴식은 의무감이라고는 털끝만큼도 없는 완전한 자유였다.

자유 속에서 여유가 생기자 마음이 스르르 풀렸다. 피로로 인한 부기가 빠졌고, 상한 자존심도 상당히 회복됐다. 스트레스를 줬던 사람들에게 가졌던 미움에도 '그래, 그럴 수도 있지' 하는 생각이 들기 시작했다.

아무것도 하지 않은 것처럼 보였지만 마음속에서 분주하게 감정을 비우고 정리한 것이다. 도심 속 휴가는 그렇게 찌든 일상에 활기를 불어넣으며 끝이 났다.

그녀는 내년에도 나만을 위한 휴가를 다시 오겠다고 결심했다. 물론 여행도 포기할 수 없으니 경제적으로 부담은 되지만 매일 두세 잔씩 마시는 커피를 줄여볼 생각이라고 한다.

무리하지 않는 선에서 좋아하는 일을 마음껏 누려보는 것도 인생을 살아가는 재미 가운데 하나다. 다른 사람의 시선을 미리 걱정하며 불안해할 이유가 없다. 남들이 뭐라고 하든 나의 가치관과 우선순위에 따라 살면 되는 것이다. 어른이 된 사람이라면 누려야 할 기본적인 권리이기도 하다.

누군가를
선택했다는 의미

전 직장 동료들과 함께한 저녁 자리였다. 한 후배가 남편에 대한 불만을 토로했다.

"너무 얄미워서 그 인간이 잠들었을 때 얼굴을 꼬집었다니까요? 그렇게 여러 번 말하고 부탁하면 기억하는 시늉이라도 해야지…. 어쩜 말할 때마다 처음 듣는 것처럼 행동하는지 놀라울 지경이에요."

양말 아무 데나 벗어놓고, 양치 후 치약 뚜껑 안 닫아놓고, 집안일 하기 싫어서 야근하고, 아이들 챙기는 일은 당연히 아내의 몫인 것처럼 모른 척하고….

하지만 아내들만 불만이 있는 것은 아니다. 동창생 친구에게서도 비슷한 말을 들은 적이 있다.

"집사람 잔소리에 아주 질렸다. 어디 나를 좀 내버려두는 여자 없을까? 다시 태어나면 그런 여자를 만나고 싶다."

그런 여자만 있다면 행복할 수 있다고 철석같이 믿는 모양이다. 물론 처음 얼마 동안은 그럴 수도 있다. 하지만 친구가 자신의 생활 방식과 태도를 바꾸지 않는 이상 어떤 여자를 만나도 결국 상대방의 잔소리와 짜증, 분노에 직면할 수밖에 없을 것이다. 관계의 성격이란 상대방 못지않게 나에 의해 규정되기 마련이니까.

우리는 자기감정과 생각에 몰두하기 때문에 어느 정도는 자기중심적일 수밖에 없다. 자기중심적이라는 것은 '나'는 그냥 그대로 있고, 나를 둘러싼 주변이 내가 원하는 대로 변해야 한다는 사고방식이다. 주변에 있는 사람들이 내가 원하는 것을 알아서 해주기를 바란다. 노력은 상대방의 몫인 것이다. 하지만 그런 바람은 번번이 배신당할 수밖에 없다. 그러다가 "내가 바꿀 수 있는 것은 나 하나밖에 없구나" 하는 허탈한 결론에 도달하게 된다.

생각해보면 수십 년의 세월을 자기 방식으로 살아온 사람이, 누군가 달라지기를 원한다고 하루아침에 바뀔 가능성은 거의 없다. 몇 번 시늉을 하다가 원래의 모습으로 돌아가기 마련이다. 이를 지켜보는 입장에서는 "잘 하다가 왜 안 하는 것이냐"고 다그치기 쉽다. 그러나 한두 번도 아니고 남의 바람에 맞춰 살아가야 한다는 것은 어색하고 불편한 일이다.

모임의 여자 후배도 같은 말을 했다.

"저도 '내가 이런다고 저 인간이 바뀌겠어?' 하는 생각, 자주 해요. 그러면서도 자꾸 화가 나는 거예요. 어려운 일도 아닌데 그 정도도 못해주나 하는 서운함에 더 많이 짜증 내고, 화내고, 싸우게 되는 것 같아요."

나 역시 예외는 아니다. 신혼 때는 아내와 머리가 터질 정도로 자주 싸웠다. 특히 내가 이해할 수 없었던 것은 아내의 '잠'이었다. 아내는 신기할 정도로 잠을 많이 잤다. 한번은 주말에 아내가 몇 시간을 자는지 헤아려보니 스무 시간이나 됐다. 필수 활동을 하는 시간 외의 모든 시간을 잠으로 보내는 셈이니 같이 사는 입장에서 화가 나지 않을 수 없었다.

잠을 줄이라고 다그칠 때마다 아내는 집안 내력이라며 증조할아버지의 일화를 내세웠다. 홍수로 세간이 떠내려가는데도 자기 몫의 잠을 챙긴 유명한 잠꾸러기였다나. 그 이후로는 낮

잠잘 때는 서로 깨우지 않는 것을 가문의 신조로 여긴다는 것이었다. 기가 찼다.

누군가를 선택했다는 것은 그 선택으로 인한 불편을 감수해야 한다는 의미다. 숱한 싸움과 화해를 반복하며 그 점을 받아들이게 되자 눈에 거슬렸던 많은 부분들을 '그런가보다' 하며 넘어가게 되었다. 아내에게 잠을 줄이라는 요구는 전혀 다른 사람이 되라는 것이나 다름없었다.

그런데 '사람은 자신의 절실한 필요에 의해서만 변한다'는 말도 사실이었다. 아내는 아이를 낳은 뒤로 그 소중한 잠을 충분히 못 자게 됐다. 아이도 나를 닮아 자기 엄마가 마음 편하게 자는 꼴은 못 보는 모양이었다.

후배는 죽이 맞는 사람들을 만나 남편 욕을 실컷 하고 나서야 화가 풀렸는지 남편에게 문자를 보냈다.

"집에 도착했어? 집에 갈 때 맥주랑 안주거리 사갈까?"

남편에게서 바로 답신이 왔다.

"좋지!"

변치 않을 내 편이 있음을 확인하는 것은 행복한 일이다. 내 곁에 있는 사람이 성격이 까칠하거나 눈치가 없어도, 조금 덜 생겼어도, 언제까지나 나를 밀치지 않고 품어주기를 바란다. 삶

의 파도가 거세질수록 돌아갈 곳이 있다는 작은 행복의 소중
함은 더욱 커져만 간다.

나도 지하철을 타면서 아내에게 문자를 보냈다.

"뭐 해? 자?"

답이 없었다. 또 자는 모양이었다. 이놈의 잠을 어떡하지….

변치 않을 내 편이기를 바라면서도 다른 사람이 되어주기를
바라는 아이러니는 한동안 계속될 것이다. 그래도 밀고 당기기
를 거듭하면서 아주 느린 속도로 서로를 포용해갈 수 있다면
괜찮은 삶일 것 같다.

언제나 이유를
늦게 아는 게 인생

           나의 이십 대는 단순 명쾌했다. 갈등이 생기면 어느 쪽이 좋은 쪽이고 나쁜 쪽인지 편부터 가르는 게 우선이었다. 모든 게 이것 아니면 저것이었다. 희거나 검거나, 뜨겁거나 차갑거나, 성공하거나 실패하거나 무엇이든 둘 중 하나여야 했다.

그런데 직장 생활을 하며 다양한 사람들을 만났고, 그들의 이야기를 들으며 명확했던 내 구분법에 혼란이 생겼다.

소심한 나에게 매번 낯선 사람을 만나는 일은 큰 스트레스였다. 하지만 막상 사람들을 만나면 일 이야기보다 잡담을 할 때가 많았다. 처음 만난 상대로부터 듣고 싶은 이야기를 이끌어내야 한다는 부담감을 편한 잡담으로 중화시키려는 의도였다.

많은 이들의 이야기를 들으며 늘 행복하거나, 늘 불행한 사람은 없다는 사실을 알게 되었다. 어떤 삶이든 좋은 면도 있고 동시에 좋지 않은 면도 있었다. 삶이란 행복과 불행, 만족과 불만족, 안심과 불안 사이를 끝없이 오가며 저마다의 적정 지점을 찾는 과정이었다.

사람을 만나 궁금한 것을 물어보는 게 직업이다 보니 엄청나게 많은 사람을 만났다. "사람은 만난 사람의 숫자만큼 현명해진다"는 중국 속담이 있다지만 내게는 해당사항이 없는지 그만큼 현명해지지는 못했다. 그러나 사람들을 만난 경험과 이야기들은 내 삶의 기반이 되어주었다.

나이가 들면서 흑백 구분에서 벗어나 다채롭게 세상을 볼 줄 알게 됐다. 예전처럼 겉모습만 보고 섣불리 판단하는 일이 줄었다. 그렇다고 무엇이든 보자마자 알게 되는 것은 아니다. "이유는 언제나 늦게 아는 게 인생"이라는 말처럼 시간이 흐른 뒤에 다시 생각해보고 깨닫게 되는 것이 대부분이다. 아는 것은 겪는 것에 비하면 언제나 느리다.

모임에 참석해 다양한 이야기를 듣는 것을 나는 '관점 샤워'라고 부른다. 샤워의 물줄기처럼 쏟아지는 이야기를 통해 나의 관점과 고집을 씻어내고 선입견을 한 꺼풀 벗겨내는 것이 그것이다. 그럼으로써 생각의 폭이 넓어진다.

사람들의 이야기에는 때때로 예상을 뒤엎는 반전 드라마가 숨겨져 있다. 산전수전을 겪은 선배들의 라이프 스토리가 그랬다. 나는 그들의 이야기에 귀를 기울이며 숱한 간접 경험을 저축처럼 쌓았다. 때로는 반감이 드는 내용이라도 일단 기억했다. 결국 나를 키운 것은 팔 할이 '이야기'였다. 그렇게 쌓인 이야기들은 나의 밥벌이는 물론 일상의 숱한 선택들에도 힘이 되었다. 그럴 때마다 이야기의 주인들에게 고맙다는 생각이 든다.

삶은 간단치 않다. 그래서 오늘도 누군가의 이야기에 귀를 기울여야만 한다.

가까운 사이일수록
참지 마라

여러 커플이 함께 여행을 갈 때 가장 좋은 동행자는 '약속을 잘 지키는 커플'이다.

약속을 잘 지키는 사람들은 일정상 문제가 예상되면 미리 양해를 구하거나 조정을 요청한다. 둘만의 목적이 있을 때는 따로 움직이고 시간을 정해 만난다. 이런 커플과 어울려 여행을 하면 즐거운 추억을 남길 수 있다.

얼마 전 친구들과 부부 동반으로 해외여행을 다녀왔다. 총 다섯 커플이 함께였다. 친구들과, 그것도 부부가 함께하는 여행은 처음이었다. 그런데 여행을 떠나기 전부터 어쩐지 신경 쓰이는 커플이 있었다.

누구나 맥락 없이 꺼림칙한 느낌을 받을 때가 있다. 이런저런 사람을 겪다 보니 마음속에 쌓인 빅 데이터가 경고 신호를 보내주는 것인지 모른다.

단체 여행에서는 시간 약속을 지키는 게 기본이다. 그런데 문제의 커플은 최소 30분 이상 늦었다. 아내 쪽은 유독 관광에 관심이 없어 보였다. 관광을 위해 이동하면 "힘들어서 못 걷겠다"고 몇 번이나 하소연했다. 그리고 그렇게 비축한 체력을 대형 쇼핑몰에서 발휘했다.

하루는 쇼핑 후 만나기로 한 시간에 그들 부부만 나타나지 않았다. 빨리 오라는 전화에 "곧 간다"고 대답한 지 1시간 반이 지나서야 양손에 가득 쇼핑백을 들고 나타났다. 그 모습에 모두가 할 말을 잃었다. 마지막 날에도 그 부부가 어디서 시간을 지체할지 몰라 아예 오전 스케줄을 취소하고 일찌감치 공항으로 출발했다. 그런데 공항에는 면세점이 있었다. 부부는 면세점을 부리나케 헤집고 다니며 마지막 쇼핑의 기회를 불태웠다. 그들을 보며 누군가가 말했다.

"저 사람들은 도대체 왜 온 거야?"

여행의 목적이 달랐던 것이다. 차라리 그들을 쇼핑센터로 보내고 나머지 사람들만 움직였더라면 각자 더욱 즐거운 시간을 보냈을 것이다.

일반적으로 우리를 낙담이나 절망으로부터 구해주는 것은 '사랑'이다. 그러나 어떤 때는 '미움'이 우리를 구원한다.

한국에 도착해 공항버스를 타고 집에 오는데, 여행을 위해 만들었던 SNS 대화창에 쇼핑 부부의 아내가 글을 올렸다.

"정말 즐거운 시간이었어요. 감사합니다. 내년에도 여행 꼭 같이 가요!"

뭐라고 대꾸해야 할지 몰라 가만히 있었다. 한동안 침묵이 계속됐다.

그런데 다음 날 다른 친구가 이런 답변을 달았다.

"내년에 또 갈 수도 있죠. 그때는 부부끼리 따로 다니고, 올 때 공항에서 만나기로 해요."

여행 전이었으면 차마 할 수 없었을, 촌철살인 답글을 보고 한참 웃었다. 상대방의 기분이 상하지 않게 행동하고 양보부터 하는 게 예의일 수 있지만, 그게 서로 오랫동안 잘 지내기 위한 최선의 선택은 아닐 수도 있다. 가까운 사이일수록 말이다.

단체 대화창에서와는 달리 남자들만 모인 대화창은 시끌벅적했다. 쇼핑 부부 남편이 따졌다.

"내가 미안하다고 사과했는데 꼭 그런 말을 해야 되냐?"

답글을 달았던 친구가 답했다.

"그럼 내년에 그런 여행을 또 가서 마냥 참아달라고?"

남편은 자기 아내도 미안하게 생각하고 있으니 나중에 기분 상하지 않게 이야기할 수도 있었다는 것이었다. 하지만 해야 할 말을 나중으로 미루는 것은 더 안 좋은 선택일 수 있다. 뒤늦게 말을 꺼낸다고 해보자. "다녀온 지가 언젠데 이제 와서 쩨쩨하게 그런 말을 하고 그래?"라는 반응을 얻을 수도 있다.

게다가 가장 중요한 부분, 시간이 갈수록 그들 부부에 대한 밉상 포인트가 기하급수적으로 쌓일 것이라는 점이었다. 차라리 불만을 표현함으로써 모두의 감정을 적절히 해소시키는 게 나은 선택이었다. 은근슬쩍 회피하다가 점점 멀어지는 것보다 과감하게 부딪히면서 서로를 이해하는 게 오랜 친구끼리 할 수 있는 소통법이기도 하니까.

다른 친구들이 중재에 나섰고 이런저런 이야기 끝에 모두 화해했다. 내년에 또 가게 되면 함께할 시간과 따로 할 시간부터 미리 정하자는 합의까지 이뤘다.

앞으로도 함께해야 할 소중한 관계이기에 솔직한 감정을 드러내야 하는 순간이 있다. 좋기만 한 관계는 없다. 부족한 점, 맞지 않은 점을 공유하고 이해할 때 관계는 더욱 깊어진다.

지켜보던 나는 기회를 놓치지 않고 대화창에 한마디 던졌다.

"오늘 이 이야기, 내 책에 좀 쓰면 안 될까?"

쇼핑 부부 남편이 대답했다.

"네가 제일 나쁜 놈이다."

살아갈 날들을 위한
준비

'나는 인생의 정점에 언제 도
달하게 될까.'

이런 고민을 깊게 하던 때가 있었다. 하루 빨리 정상에 오르
고 싶었다.

특히 직장 생활을 10년쯤 하게 되면 누구나 생각이 많아진
다. 계속 이렇게 살아도 괜찮을까.

동료나 친구들은 몸살처럼 이 시기를 지나친 경우가 많았지
만 나는 10년차 증후군을 이기지 못하고 회사를 뛰쳐나왔다.

다니던 회사를 그만두고 사업에 도전한 것이다. 무대를 옮기면 말 그대로 희망찬 인생이 펼쳐질 줄 알았다.

직장 생활 10년차들이 고민에 빠지는 이유는, 나이는 들어가는데 기회는 확연히 줄어드는 선배들의 삶을 보며 미래에 대한 불안에 빠지기 때문이다. 회사 생활의 생리를 알게 된 가운데 선배들이 털어놓는 속내도 자주 듣게 된다.

'이 회사에 인생을 걸어야 할까? 아니면 마지막 기회가 될지도 모를 이직에 도전해야 하나?'

직장에 대한 고민이란 결국 앞으로 어떻게 먹고살지에 대한 고민이기도 하다.

사업을 시작한 선배들을 유심히 살펴본다. 성공 궤도에 올라선 선배들이 눈에 띈다. 하지만 자세히 보면 연락이 두절된 선배들이 훨씬 많다. 이처럼 같은 직장에서 비슷한 업무를 하며 사회생활을 시작했지만 마흔이 가까워지면 각자의 선택에 따라 삶이 천차만별로 갈리게 된다.

나는 여러 사람의 흥망성쇠를 지켜본 결과, 세상 물정을 알 만한 나이에 정상에 도달하는 게 최적의 성공 타이밍이라는 것을 알았다. 그 시점은 대략 사십 대 이후라는 생각이다. 그 전까지가 삶을 배우는 시기라면 마흔 이후는 스스로 깨달아가며 자기 인생을 살아가는 시기다. '불혹(不惑)'이라는 말처럼 쉽게 흔들리지 않아 안정적이기도 하다.

정상을 밟은 후 곧 내려가야 한다는 점을 감안해도 그렇다. 어린 나이에는 성공을 거둬도 실감이 나지 않기 마련이다. 경험과 준비가 부족해 사고의 위험이 높다. 산은 정상에 오를 때보다 내려갈 때가 더 위험하다. 그래서 베테랑 산악인들도 등정보다는 하산에 대한 준비를 더욱 철저히 한다.

성공의 정점을 밟은 이후의 삶은 얼마나 충실하게 준비했느냐에 따라 달라질 것이다. 준비 없이 날아오른 사람이라면 날개에 힘이 빠지는 순간 까마득하게 추락할 가능성이 높다. 급히 오른 사람일수록 하산에서도 가파른 길을 만나기 마련이다. 누구나 오랜 시간에 걸쳐 천천히 내려오기를 원한다.

그런데 어떤 사람들은 정점을 찍고 하산하는 과정에서 능선을 탄다. 내리막으로 접어들었다가 다시 상승세를 타는 등 인생 후반전을 다채롭고 여유 있는 경험으로 채운다. 살아갈 날들을 여유 있게 준비한 사람들이 이런 길을 만나게 된다.

쓸수록 커지는
마음의 힘

싱글일 때 나는 여자를 몰라
도 너무 몰랐다. 여성 특유의 섬세한 감정선을 전혀 읽지 못했다.

모임에서 가까워진 후배가 있었다. 처음에는 그녀의 일과 관
련된, 예를 들면 회사에 대한 생각이나 상사와의 소통 같은 이
야기를 하다가 차츰 친해지게 됐다. 시간이 지나면서 음악이나
영화 취향, 연애 경험 등 서로에 대해 많은 것을 알게 되었다.

그녀는 밤늦게 "팀 회식이 끝났는데 맥주 한 잔 하자"고 연락
을 해오기도 했다. 그러면서도 내가 전화를 걸면 "일이 언제 끝

날지 모른다"며 뒤로 물러섰다. 알다가도 모를 일이었다.

얼마 후, 그녀의 본심을 알았다.

모임 멤버 중에 몇 달에 한 번 나올까 말까 한 친구가 있었는데, 오랜만에 그와 저녁을 먹던 중 그녀의 전화를 받았다. 그와 함께 있는 것을 안 그녀는 순식간에 그 자리로 달려왔다. 그리고는 술 몇 잔을 나누며 그와 친해졌고, 또 몇 잔에 전화번호를 교환하고는, 다시 몇 잔에 속마음을 털어놓았다.

"오빠 만나려고 이 오빠한테 얼마나 공을 들였는지 알아요? (나를 향해) 오빠도 참⋯ 사람이 왜 그렇게 눈치가 없어요? 내가 몇 번이나 힌트를 줬는데 그걸 그렇게 못 알아듣나⋯."

듣고 보니 그녀가 그 친구 이야기를 몇 번 했던 것도 같았다. 그런데 나는 그게 그를 만나게 해달라는 표현이라는 걸 몰랐다. 왜 그런 생각을 못 했을까. 어쨌거나 나는 그녀가 그 친구에게 접근하기 위해 나를 이용했다는 생각에 배신감을 느꼈고 그녀와 연락을 서서히 줄여나갔다.

호감이 있는 상대에게 감정적으로 상처를 받으면 일반적으로 두 가지 반응을 보인다고 한다. 한쪽은 상처를 자기 의지로 극복하고 그 인연을 다른 식으로 이어간다. 또 한쪽은 상처를 극복하지 못하고 마음의 문을 닫는다. 나는 후자였다.

상처는 생각보다 오래갔다. 한동안 사람들, 특히 또래의 여성들과 좋은 관계를 맺을 수 없었다. 한데 무엇이든 쓰지 않으면 녹이 스는 모양이다. 깁스를 한 쪽이 건강한 쪽보다 앙상해지는 것처럼, 감성의 섬세한 안테나 또한 끊임없이 사용하지 않으면 퇴화될 수밖에 없는 것이다.

시간이 흘러 활력이 넘치는 사람들과 어울리면서, 그들이 섬세함을 안테나 삼아 일상을 새로움과 즐거움으로 채우고 있다는 것을 알게 되었다. 그들은 관계의 미묘한 변화, 상대방의 표현과 숨은 의미, 드러난 감정과 드러나지 않은 속마음을 놓치지 않았다. 그럼으로써 남다른 관계, 남다른 경험, 남다른 시선을 가졌다.

그 시절의 내가 그러한 섬세한 안테나를 가지고 있었다면 어땠을까. 감정적으로 울컥해 선을 그어버렸던 그녀와 불편하지 않게 선후배 관계를 이어가며 조금 더 성숙한 어른으로서의 태도를 익힐 수 있었을 것이다.

사실 그녀를 용서하고 말고 할 권리는 처음부터 내게 없었다. 그녀는 잘못을 저지르지 않았다. 그저 그렇게라도 그 친구와 가까워지고 싶었을 뿐이다. 누군가를 좋아한다면 그럴 수 있는 것이다. 이용당했다는 생각은 나의 편협한 감정적 반응일 뿐이었다.

지금의 반만이라도 마음의 힘을 쓸 줄 알았더라면, 상대의 생각과 감정이 나의 기대와 전혀 다를 수 있음을 이해할 수 있었더라면, 훨씬 스마트하고 편안하게 관계를 풀어갈 수 있었을 것이다. 그때는 어른스럽지 못했다.

큰일보다 사소한 일이
삶을 바꿀 때가 있다

미국에 사는 초등학교 동창에게서 전화가 왔다.

"남편이라는 인간을 어찌해야 좋을까?"

그녀는 남편과 싸우면 꼭 나에게 전화를 걸어 하소연한다. 남편 역시 내 친구다. 내가 그들 사이에 다리를 놓아주었기 때문에 그 죗값을 치르느라 귀가 아플 때까지 전화기를 붙들고 있어야 할 때가 있다.

두 사람은 결혼 후 미국으로 건너갔다. 남편은 내과 전문의로 성공했고, 아내도 피아노 교사로 일하고 있다. '가난한 고학생 커플'에서 '아메리칸 드림을 이룬 부부'로 달려온 것까지는 좋았다. 문제는 경제적인 풍요를 누리면서부터 불거졌다.

"화가 나서 오늘 또 싸웠어."

"왜 화가 났는데?"

"몰라…. 나도 모르겠어."

그녀가 말끝을 흐렸다. 남편은 병원의 인력 부족으로 당직이 잦았고, 맡은 환자가 늘어나는 바람에 늘 피곤하다고 했다. 남들이 보기에는 부족할 것 없는 생활이겠지만, 그녀의 마음은 그렇지 않았던 것 같다. 어쩌면 자기도 자신의 마음을 모르는 것 같았다. 수시로 변덕을 부리는 마음을 매순간 정확히 아는 이가 얼마나 되겠는가. 예기치 못했던 커다란 불행보다 일상에 쌓인 작은 불만들이 더 힘들게 느껴질 수도 있다.

잠시 후 그녀는 "매너리즘에 빠진 것 같다"고 했다. 피아노 레슨을 줄여 시간적 여유가 생긴 이후로 오히려 인생이 재미없어졌다는 것이었다.

권태였다. 권태를 배부른 투정쯤으로 여기는 이도 있지만, 사실 누구나 빠질 수 있는 일상의 함정이다. 권태에 빠지면 타성으로 하루하루를 살게 되고 쉬이 즐거움을 느끼지 못한다. 그래서 많은 사람이 권태를 잠시라도 잊기 위해 게임이나 알코올,

도박 같은 자극에 의존하게 되는 것이다. 하지만 강한 자극에 빠질수록 일상이 더욱 따분하게 여겨지는 악순환이 반복된다.

그녀는 앞으로 바쁘게 살아야겠다며 대학원에 진학해 피아노 최고 연주자 과정을 이수해보겠다고 했다. 공부와 연습으로 권태의 돌파구를 찾겠다는 생각이었다.

하지만 그럴 때일수록 대단한 일에 도전하기보다는 차라리 시간을 편하게 즐기는 것도 방법이다. 권태의 순간마다 매번 자신을 몰아세울 수는 없기 때문이다. 게다가 아무리 바쁘게 지내더라도 돌아서면 다시 권태를 마주해야 할지 모른다. 그러면 더 우울해질 수도 있다.

하지만 나름의 방법을 찾았다고 생각하는 그녀에게 그런 말은 꺼내지 못했다. 어쩌면 "그때 네 말을 들었다가 더 안 좋아졌어…"라는 원망을 듣고 싶지 않아서일 수도 있다.

일상이 권태로울 때는 약간은 낯선 작은 일부터 시도해보는 게 돌파구가 될 수 있다. 반복되는 생활에 지친 자신을 새로운 일로 이끌어보는 것이다. 문이 열리면, 따분했던 좁은 세계가 넓고 흥미로워진다. 이런 과정은 충분한 의미가 있다.

흔히 잘못 생각하는 것 중 하나가 큰 선택만이 큰 변화로 이어진다는 믿음이다. 그런데 오히려 작은 선택이 이어져 큰 변화를 이뤄내는 쪽이 훨씬 많다.

예를 들면 오래전에 봤던 영화들을 다시 감상할 때가 그렇다. 나는 무기력증에 시달리다 신문사를 그만둔 뒤 하루에 서너 편씩 옛날 영화를 보았는데 그 경험이 의외로 많은 도움이 되었다. 어렸을 때는 놓쳤던 장면을 어른의 관점에서 재발견하는 재미가 있었다. 철없던 시절에는 이해할 수 없었던 주인공의 마음이 잔잔하게 전해져 가슴이 먹먹할 때도 있었다. 짜릿하고 즉각적인 자극에만 익숙했던 것과 달리 이런 감동은 느리지만 긴 시간 마음에 머물러 내내 기억이 났다.

영화를 다시 보며 어릴 적 나와 어른이 된 내가 얼마나 변했는지 알 수 있었다. 세월과 함께 변화하고 발전한 모습 또한 나일 것이다. 늘 제자리걸음이라며 자책하던 나는 영화 보는 시간을 통해 새로운 힘을 얻었다.

권태로운 관계 때문에 고통스럽다면 관계를 객관적으로 들여다보는 것도 도움이 될 것이다. 예를 들어 봉사활동을 하거나 종교 활동, 취미 활동 등 다른 공동체와 관계를 만들어나감으로써 문제의 관계에서 멀어져 관계에 정말로 필요한 것이 무엇인지 생각해보는 것이다. 관계에 매몰돼 있을 때는 그런 것들이 보이지 않는다. 과열된 감정에 눈이 멀어서 모든 것이 불행의 전조로만 느껴진다. 하지만 조금만 벗어나서 보면 각자가 나름의 방법으로 애쓰고 있다는 것을 알게 된다. 그 노력이 정말 나에게 맞는 노력인지는 나중에 알게 될 일이다. 왜냐하면 우리는 누군가 나를 위해 노력하고 있다는 느낌만으로도 마음이 따뜻해질 준비가 돼 있는 존재들이니까.

나는 그녀가 짜릿한 반전 드라마를 수동적으로 기다리느라 허송세월하지 않기를 바란다. 어렵고 힘들었던 학생 부부 시절, 서로에게 작은 위로와 따뜻한 말을 건네며 행복을 느꼈던 그때처럼 '사소함의 가치'를 조만간 다시 떠올릴 거라 기대한다.

자신을 너그럽게
대해야 하는 이유

사람은 결코 완벽할 수 없는 존재이면서 늘 다른 사람에게는 완벽함을 기대한다. 자신에게는 그토록 관대하면서 왜 다른 이에게는 쉬이 인색해지는 걸까. 물론 자신에게 냉정하고 다른 이에게 관대한 태도도 비합리적이기는 마찬가지다.

자신에게 너그럽지 못한 사람이 나와 다른 타인을 진정으로 포용할 수 있을까.

결국 이해나 포용은 자신의 부족하고 받아들이기 힘든 부분을 온전히 받아들이는 것으로부터 시작된다. 그게 나이가 들수록 자신에 대해 정확히 알아야 할 이유다.

'무엇'보다 '어떻게'
전하느냐가 중요하다

　　　　　　　　　　"요즘 애들은 고마운 줄을 몰
라. 잘 해줘도 잘 해주는 줄 모르니 차라리 신경을 꺼야지…."

　친구가 새로 입사한 후배에게 상처를 받았다며 말했다. 오랜
만에 들어온 신입 후배를 각별히 챙겼는데 그 후배가 SNS에 선
배들 뒷담화를 늘어놓았다는 것이었다. 내용으로 봐서는 그중
절반 이상이 그에 대한 불만인 듯했다.

　나도 비슷한 경험을 한 적이 있다. 전 직장에서 신입 기자 오
리엔테이션을 맡았을 때였다. 맡은 업무만으로도 허덕이는 중

이었지만 시키는 일이니 어쩔 수 없었다. 자료를 준비해 기사 작성 교육을 맡았다. 기본 포인트를 짚어주고 실기 테스트를 진행했다. 점수를 매겨 인사 담당자에게 자료로 제출했다.

그런데 의외의 결과를 통보받았다. 신입 기자들의 평가에서 내가 진행한 교육이 최하위 평가를 받았다는 것이다. 기가 막혔다. 교육받을 때는 모두들 생글생글 웃으며 잘 듣는 것 같았는데…. 뒤통수를 맞은 기분이었다.

지금은 선배들의 충고가 그다지 도움이 되지 않는 시대다. 어떤 정보든 인터넷에서 쉽게 얻을 수 있다. 모르는 것을 굳이 선배에게 물어볼 필요가 없다. 게다가 아는 게 많은 선배라고 해서 대단한 도움이 되는 것도 아니다. 두꺼운 인문학 책을 끼고 다니면서도 삶의 디테일에 대해서는 무지몽매한 케케묵은 선배들을, 눈썰미 있는 후배들은 금방 가려낸다.

지금은 지혜의 시대다. 지식 못지않게 중요한 게 '감각'이며, 정보를 어떻게 '질감'으로 표현하느냐가 중요하다. 그래서 다양한 관점이 필요하고, 자기의 경험만으로 섣부른 답을 내리려는 것부터가 오만일 수 있다.

나중에 한 선배의 오리엔테이션을 참관하면서 내가 왜 최하위 평가를 받았는지 알았다.

선배는 후배들과 소통하며 교육을 진행했다. 얼핏 어수선해 보일 수도 있었지만 틈틈이 중간 정리를 하면서 맥락을 놓치지 않았다. 후배들의 참여도도 높았다. 1시간 30분 예정이었던 교육이 2시간 넘게 이어졌으나 하품하는 후배가 없었다.

나는 호흡을 맞춰가는 선배와 후배들을 보며 '이게 진짜 교육이구나'라는 생각을 하지 않을 수 없었다. 노하우를 일방적으로 전하고 테스트로 성과를 계량하는 기계적인 교육으로는 진정한 지식을 전할 수 없었다. 선배의 교육에서는 진심 어린 따뜻함이 느껴졌다.

그 후 기사 작성 실습에서도 일대일 첨삭 지도가 이뤄져 후배들 개개인의 실수를 바로잡은 뒤 과제물을 제출하는 것으로 교육은 마무리됐다. 교육 후 뒤풀이가 이어졌다. 진솔하게 각자의 성장사와 포부 등을 털어놓으며 한걸음씩 가까워지는 시간이었다.

'그냥 선배'와 '좋은 선배'에는 차이가 있다. 그냥 선배는 '왕년'의 이야기를 많이 하고 좋은 선배는 '지금'을 이야기한다. 그냥 선배는 '내가 하고 싶은 말'에 집중하고 좋은 선배는 '후배가 듣고 싶은 말'에 집중한다.

후배들의 속마음을 아는 선배들은 지식이나 노하우가 아닌

지혜를 전해준다. 그 과정에서 더 즐겁고 의미 있는 시간을 함께 만든다. 그러니 "요즘 애들은 왜 그 모양인지 모르겠다"는 말의 책임은 선배들의 몫이기도 하다. 지혜로운 선배가 많지 않은 것이다.

지혜로운 선배가 되려면 오랜 시간을 투자해야 한다. 인터넷에서 본 글들을 열심히 외워 떠들어봐야 다른 주제가 나오면 다시 깜깜해진다. 단순한 지식은 인터넷 검색의 힘을 빌리면 그만이기 때문에 맥락과 차원을 달리 전하기 위해서는 독서와 경험, 성찰의 세월을 한 방울씩 더해야 한다.

나는 그날 집으로 돌아오며 후배들이 원하는 게 무엇인지 곰곰이 생각했다. 후배들도 교육이 끝나면 각 부서에 배치되어 막내로서 잡일을 담당하게 될 것을 알고 있었다. 그들도 먼저 입사한 선배나 동기들을 통해 누누이 들어왔을 것이다.

다만 그들은 자신이 소중한 존재라는 것을 확인받고 싶은 것이다. 누구나 마찬가지다. 사람은 자신에게 호의를 보이는 상대에게 눈과 귀를 열고 집중한다. 자신을 알아주는 사람을 위해 진심을 드러낸다. 신입 사원의 이직률은 여기서 결정된다.

인생의 선배라는 의미는 '먼저 깨져봤다'는 것에 있다. 부딪히고, 깨지고, 아파하고, 후회하는 숱한 시행착오를 거친 뒤에야 자신에 대해 알 수 있다. 시험을 망친 후에야 어떤 부분이 부족했는지 안다. 사랑하는 사람과 헤어진 후에야 내게 맞는 이성이 어떤 사람인지 안다. 그런 순간들을 통해 터득한 지혜를 잘 추스른 사람만이 좋은 선배가 될 수 있다.

'그냥 선배'는 후배들을 위한다고 자주 나서지만 '좋은 선배'는 뒤로 물러나 조용히 지켜본다. 후배들이 도와달라고 하지 않는 이상 나서지 않으며 후배들이 재능을 발휘할 수 있도록 기회를 준다. 후배에게도 시련과 실패를 통해 성장할 기회가 필요하다. 일이 잘못되면 스스로 책임을 지고, 비싼 수업료를 치러야 하는 것이 당연하다. 결국 '좋은 선배'는 성공이 아닌 실패를 통해 후배를 성장시킨다.

지혜는 지식과 느낌, 경험의 총합이다. 그래서 지혜로운 사람은 다양하게 일어나는 일들을 종합해서 보는 통찰력과 앞날을 헤아리는 예언적 직감까지 가진다. 하지만 지혜로운 선배는 이미 자신이 알고 있는 진리들조차 조심스레 걸러 부드럽고 그윽하게 전할 줄 안다.

2

흔들려도
앞으로
나아간다

넘치는 사랑을 받지 않아
행복한 이유

나의 아버지는 일관성이 있는 분이다. 지금까지도 TV를 바보상자로 여겨 뉴스 외에는 어떤 프로그램도 안 보신다. 어린 시절 우리 삼남매가 TV를 보고 있으면 툭 끄는 것으로 퇴근 인사를 대신하셨다.

어머니는 늘 부지런히 뭔가를 하셨다. 신혼 때는 아내가 어머니의 콩나물 재배를 보고 혀를 내둘렀다. 땅이 있었다면 콩부터 경작하셨을 것이다. 집 안팎에는 어머니가 관리하는 화분이 헤아리기 어려울 정도였다.

아버지는 칠남매 중 장남이었다. 명절마다 친척들이 우르르 몰려왔으나 차례만 지내고는 일제히 돌아갔다. 한마디로 지지리도 재미없는 가족이었다.

우리 집만 그랬다. 친구네 집들은 TV를 마음껏 보고 시끌벅적 수다를 떨며 즐겁게 살았다. 자녀들이 예뻐 어쩔 줄 모르는 부모들을 볼 때면 부러워서 눈물이 핑 돌았다. 다른 집들은 웃음이 그칠 날이 없는데 대체 우리 가족은 왜 이렇게 화목하지 않은 걸까.

자식이 큰 성취를 이루는 것은 부모의 보람이고 자랑이다. 다른 집에는 이런 자식이 하나둘쯤 있는 모양이다. 그러나 우리 삼남매는 부모의 뜻을 시원하게 따라본 적이 없다. 아버지는 자식들이 '이런' 코스를 밟아 '저런' 직업을 갖기를 원하셨다. 그러나 자식들은 관심이 없었다. 능력도 안 됐다. 형은 석사 학위를 따지 않았고, 나는 공무원이 되지 않았다. 그나마 아버지의 뜻을 따른 것은 누나였다. 유치원 교사를 몇 년 하다가 그만두었고 최근 다시 비슷한 분야에서 일하려고 준비 중이다. 조카들은 그런 누나를 보며 말한다. "엄마가 무슨 애를 봐? 우리도 안 봐줬으면서…"

부모는 자신이 중요하다고 생각하는 가치를 자녀들에게 전해주려 하지만 그것을 받아들이는 것은 자녀의 몫이다. 우리 집에는 아버지처럼 열심히 등산을 다니는 자식이 없고, 어머니처럼 집안을 농장이나 화원처럼 가꾸는 자식 역시 없다. 다들 부모님과 다른 삶을 살고 있다.

자식은 부모와 다른 사람이다. 얼굴이 다르고 성격과 능력도 다르다. 전혀 다른 취미와 놀이, 생각, 말투, 옷차림, 태도 등을 갖는다. 그게 정상이다.

항상 우리 집과 비교하며 부러워했던 다른 집들의 사정이, 나이가 들면서 달리 보이기 시작했다. 곁에서 보는 것과 속사정이 다른 가정도 있다는 것을 알았고, 무엇보다도 *끈끈한 가족애*라는 것이 나와는 맞지 않다는 점도 깨달았다. 가족끼리 가까이서 서로를 낱낱이 아는 게 즐거워야 하는데, 나는 그런 경향이 조금만 지나쳐도 굴레처럼 느껴진다. 어린 시절에는 친밀한 가족을 부러워했지만 이제는 친밀감과 애매한 경계로 붙어 있는 속박이 두렵다.

관심에 의지가 더해지면 관여로 이어지는 것처럼 부모의 사랑이 도를 넘어 집착으로 변하는 경우도 많이 봤다. 자식을 오랫동안 곁에 두고 싶은 것도 사랑이겠지만, 때가 되면 독립시켜 자기 인생을 살도록 하는 것이 더 큰 사랑이라고 믿는다.

우리 가족은 집안 행사 때 모이면 몇 마디 나누며 식사한 후 바로 해산한다. 여전히 재미가 없다. 그렇다고 정이 없는 것은 아니다. 다만 넘칠 정도의 사랑을 주고받지 않을 뿐이다. 어렸을 때는 그게 슬펐다. 그러나 이제는 사랑을 넘치게 받지 않아서 다행이라고 생각한다. 그렇기에 성인이 된 이후로 부모님을 훌쩍 떠나 어렵지 않게 독립할 수 있었다. 독립할 수 있었기에 어른이 될 수 있었다. 노심초사의 대상이 되는 자식은 부모의 관여로부터 자유로울 수 없으며 나다운 시도를 해볼 기회를 누리지 못한다.

나 또한 아이가 성인이 되면 홀가분하게 떠나보낼 생각이다. 내가 사랑을 부족한 듯 받은 것처럼 나 또한 아이에게 과도한 기대를 하거나 미련을 갖고 싶지 않다. 부모로서 해야 할 일을 다 하면 그뿐이라고 생각하는, 그런 아버지가 되고 싶다. 아이 또한 언젠가 그런 부모가 되기를 바란다.

인생은 나쁜 일만
주지 않는다

"좋은 소식과 나쁜 소식이 있
는데 어느 쪽부터 들을래?"

영화에 자주 등장하는 대사다. 나는 좋은 일과 나쁜 일을 동
시에 이야기하는 대사를 들을 때마다 작가가 극적인 재미를 위
해 그런 설정을 이용했을 거라 생각했다. 하지만 나이를 먹으
며, 삶이 간절하게 원한 것을 내게 줄 때는 원치 않은 것까지
함께 준다는 이치를 깨달았다. 영화의 대사가 옳았던 것이다.

기자 일에 지쳐 새로운 길을 모색했던 나는 창업의 유혹에

빠졌다. 신문사에 사표를 내고 지인의 사업을 돕던 중 최적의 파트너들을 만났다. 한 사람은 경제 부처 공무원 출신이었고, 다른 사람은 증권사 애널리스트 출신이었다. 나까지 셋이서 힘을 합쳐 회사를 세웠다. 신생 기업들에게 정부 지원과 투자처를 연결해주고 기업 가치를 최대화할 수 있도록 지원하는 사업 모델이었다.

해보고 싶었던 사업의 간판을 올렸으니 남은 것은 성공뿐이었다. 업계에 입소문도 빨리 나서 금방 바빠졌다. 이런 추세라면 사업이 곧 궤도에 오를 것 같았다. 하지만 호시절은 찰나였다.

경기는 얼어붙었고 창업 열기도 바닥으로 가라앉았다. 실패는 시간이 흐른 뒤에 따라오는 게 아니라 진즉에 와서 기다리고 있었다. 인생이 내가 원한 창업을 허락하면서 원치 않았던 실패까지 딸려 보냈던 것이었다.

인생은 원한 것 하나만 주는 법이 없다. 회사의 승진 경쟁에서 이기고 나면 달성 가능성이 매우 낮은 목표가 주어진다. 적지 않은 사람이 내 집을 장만해 이사하고는 며칠 안에 심한 몸살을 앓는다. 연말정산으로 13월의 월급을 받는 날, 하필이면 낡은 냉장고가 고장 난다. 그게 아니더라도 어쨌든 돈을 써야 할 일이 꼭 생긴다.

하지만 삶이 늘 심통만 부리는 것은 아니다. 때로는 안 좋은 일의 끄트머리에 좋은 실마리를 슬쩍 붙여주는 장난도 친다.

실패한 사업을 정리하고 두문불출 늦잠을 자는데 아내가 흔들어 깨웠다. 소풍이나 가자는 것이었다. 김밥을 말아 아이와 셋이 근처 공원에 갔다. 잔디밭 곳곳에 자리를 깔고 앉은 가족들의 모습이 단란하고 아름다웠다.

'누군가에게는 우리 가족도 그렇게 보이겠지.'

실패한 나의 현실을 그들의 삶에 투영하자 평범한 장면이 다르게 보였다. 아무 걱정 없이 편안하게만 보이는 저들도 온힘을 다해 세상을 살아가고 있을 터였다. 코끝이 찡했다.

아내와 시시덕거리며 우울한 기분을 날려 보냈다. 어떻게 살아야 할지 여전히 막막했지만 그래도 행복했다. 그렇게 보면 인간이란 다 아는 척, 똑똑한 척을 하지만 때로는 어이없을 정도로 불합리한 존재이기도 하다.

한 달 넘게 백수 생활을 하다가 다른 언론사에 들어가 '기자 생활 재수'에 돌입했다. 그때의 가족 소풍은 지금까지도 최고의 행복한 순간으로 자리하고 있다.

세상 물정을 모를 때에는 억울할 일이 많았다. 어떤 사람들은 원하는 삶을 사는데 왜 나는 원한 적 없는 삶을 살아야 하는지

화도 났다. 그러나 경험을 쌓으면서 원하는 삶만을 살아가는 사람은 없다는 것을 알게 되었다.

원한 것과 원한 적이 없는 것. 앞으로의 삶도 이 두 가지를 안으며 나아가야 할 것이다. 그리고 이 두 가지를 어떻게 조화시키느냐에 따라 인생은 달라질 것이다.

돈에 대한
구체적인 감각을 길러라

경제신문 기자였으면서도 돈에 대한 나의 생각은 이랬다.

"그까짓 돈, 있을 때도 있고 없을 때도 있는 거지."

그렇게 쿨한 척하면서도 늘 돈 때문에 쩔쩔맸다. 나중에 심리학 책에서 이런 경향을 '자기 불구화(self-handicapping)'라고 한다는 것을 알았다. 실패가 두려워 변명부터 만드는 것이다.

자기 불구화에는 그만한 대가가 따른다. 핑계를 대면 댈수록 목표나 대상으로부터 멀어지고 결국에는 그 대상을 미워하게 된다. 내가 그랬다. 어떻게 살아야 할지 걱정하다가도 돈 문제에서는 생각이 딱 멈췄다. 복잡한 금전 문제를 잊으려 일에 집중했고 지쳐서 의욕을 잃기도 했다.

누구나 막막한 앞날을 생각하면 불안해진다. 그러나 사실 이런 불안은 일시적인 기분일 때가 많다. 막연한 두려움을 구체적으로 적으며 계획해보면 미래가 생각만큼 두렵지만은 않다는 것을 확인할 때가 있다. 어떻게든 살아가게 되어 있는 것이다.

나는 사업을 하던 시절에도 자기 합리화에 열심이었다. 돈 많은 투자자들을 겉으로는 깍듯이 대하면서도 속으로는 무시했다.

'부모 잘 만나서 누리는 주제에….'

하지만 있는 사람에 대해 비아냥거리고, 여유 없는 자신을 합리화한다고 해서 변하는 건 없었다. 더구나 돈 문제라는 것은 정신 승리로 해결되는 차원일 수 없었다.

돈 문제는 상황이나 관계에 결부되어 있는 만큼 세심하게 둘러봐야 할 때도 많다. 여유 있는 친구가 저렴한 밥을 사주면 얻어먹고도 어쩐지 손해 본 기분이 든다. 가족 모임에서조차 형편이 처지는 형제나 자매가 눈치를 보기 마련이다. 여기에 해묵은 감정까지 보태지면 더없이 치사하게 느껴지는 게 돈 문제다.

사업을 들어먹고 나니 빌렸던 돈이 문제였다. 자본금을 마련하느라 십시일반 여기저기서 빌렸던 터였다. 망했다는 소식에 모두가 걱정해주었다.

"괜찮아. 돈은 나중에 여유가 생기면 천천히 갚아."

그러나 얼마 안 가 분위기가 바뀌었다. 집마다 사정이 있고, 아내와 남편의 입장이 같을 수만은 없었다. 일부 지인의 아내들은 다양한 경로를 통해 에둘러 빨리 갚으라는 의사를 전해왔다. 어떤 이는 전에 없었던 부탁을 해왔다. 신세를 진 입장에서 거절하기 힘든 요구들이었다.

공짜 호의는 없다는 사실을 받아들이기까지 꽤나 괴로웠다. 특히 금전적인 호의는 나의 자유를 빼앗아갈 수도 있다는 것을 이때 뼈저리게 느꼈다.

인간은 행복으로 부풀었다가 괴로움으로 성장하는 존재인가 보다. 실패와 책임을 인정하고 나서야 몸과 마음이 한결 가벼워졌다. 마치 이때를 기다렸다는 듯이 시야도 밝아졌다. 오래전부터 보관해온 금붙이들이 눈에 들어온 것이다.

"이것들 팔아서 빚부터 갚는 건 어떨까?"

아내가 장롱에서 금붙이들을 꺼냈다. 아이 돌 반지가 꽤나 많았다. 당장 쓸 일 없는 반지들을 모아 값을 후하게 쳐준다는 곳에 갔더니 상당한 금액이 나왔다. 그것으로도 부족한 금액은 은행 대출을 받았다.

빚을 모두 갚은 날, 오랜만에 두 다리 뻗고 잘 수 있었다. 자유란 남에게 의지하지 않고 경제적으로 자립할 때 비로소 보장되는 것이다. 누군가의 호의에 기대는 순간, 마음 편한 일상은 물 건너간다. 그러니 경제적 독립과 정신적 자유를 위해서라도 얼마큼의 돈은 분명 필요하다.

나는 그 일을 계기로 인생에서 돈이 얼마나 중요한지 깨우쳤다. '그까짓 돈'으로 할 수 있는 일이 생각보다 많았다. 커피 한 잔의 여유를 즐길 수도 있고, 서점에서 새로 나온 책들을 잔뜩 사면서 기대감에 젖을 수도 있다. 약간의 사치로 답답했던 기분을 산뜻하게 바꿀 수도 있다.

지나치게 아끼는 생활도 현재의 즐거움을 앗아갈 수 있다. 언제일지 모를 훗날을 위해 오늘을 마냥 희생하는 것도 현명한 선택은 아니다.

경험을 통해 정리한 돈에 대한 나의 철학은 다음과 같다.

① 돈을 거부하지 말 것. 그래봐야 나만 손해다.

② 돈의 노예가 되지 말 것. 돈의 주체가 되지 못하고 남의 호의를 바라면 영혼을 저당잡힌다.

③ 돈을 벌고 열심히 모을 것. 다만 오늘의 즐거움은 적절히 챙긴다.

기회를 알아보는 사람들의
공통점

똑같은 행운을 인생의 기회로 만드는 사람이 있다.

다니던 증권사에 명예 퇴직이 도입되자 첫 번째로 신청한 친구가 있었다. 동료들은 말렸다. 왜 바보같이 일찍 그만두느냐는 것이었다. 버틸수록 회사의 '당근(위로금 금액)'이 커질 거라는 기대감이 팽배해 있었다.

하지만 친구는 사표를 냈고 퇴직금과 위로금을 챙겨 다른 증권사로 자리를 옮겼다. 이직한 회사의 처우가 괜찮고 기업 문화도 선진적이어서 타이밍을 기다렸다고 했다.

반면 전의 증권사는 얼마 못 가 그룹에서 분리가 되면서 경영난에 빠졌다. 구조조정의 칼바람이 불어 많은 직원들이 위로금도 받지 못하고 떠밀려 났다. 실직자들이 한꺼번에 쏟아지는 바람에 이직의 경쟁률도 높아졌다.

친구가 운이 좋았던 것도 사실이다. 다만 기회는 누구에게나 공평했다. 그 기회가 누구에게는 행운으로, 다른 누구에게는 불운으로 다르게 나타났을 뿐. 그렇다면 기회를 알아보고 그것을 붙잡아 자신의 것으로 만드는 안목을 부러워할 일이다.

꽤 오래전의 일이지만 중국 펀드로 재미를 못 본 사람은 주변에 나 하나밖에 없었다. 친구들 대부분이 상당한 이익을 낸 반면, 나는 "거품일 테니 금방 무너질 거야" 하는 주장만 되풀이하다 기회를 놓쳤다. 어디 가서 경제 기자 출신이라고 말할 수도 없었다.

어떤 분야를 깊이 파고든 사람은 다른 이의 눈에는 보이지 않는 미세한 차이를 더 빨리 알아본다. 평범한 직장인이라도 마찬가지다. 10년 이상 열심히 일하다 보면 베테랑이 되어 신입 때 꼬박 열흘을 매달리던 일을 이틀 만에 깔끔하게 해낸다.

처음 일을 시작할 때는 배운 대로 따라하지만 일이 숙련되면 미래를 예측하며 기회를 만든다. 자기만의 경지에 이르러 이른바 '일가견'이 생긴 것이다.

부러워할 만한 성과를 내는 사람들은 대개 서른부터 마흔 사이에 그 기틀을 다진 경우가 많다. 그 시기는 또래의 동료들 또한 일가견이 생기는 시기이기 때문에 정보와 노하우를 주고받는 과정에서 기회를 공유하게 된다. 그러면 찬스가 또 다른 찬스로 이어진다. 이는 각자 갖고 있는 퍼즐 조각을 맞춰가는 것과 비슷하다. 누군가가 보여준 퍼즐을 내 퍼즐 옆에 맞춰보고 힌트를 얻는 우연을 거듭 겪으며 인생의 혁명기이자 전성기를 만들어나간다. 흐르는 우연을 붙잡아 자신의 필연으로 만들면 그것이 결국 행운인 것이다.

오늘 이 순간을
아쉬워할 과거로 만들지 말자

최근 이혼한 친구가 기이한 행동을 시작했다. 주말마다 지인들을 불러 어린 시절 추억의 장소를 순례하듯 함께 다니는 것이었다. 나도 두 번 동행했다. 그때마다 그는 입버릇처럼 말했다. "그때가 좋았는데…."

헤어진 아내와는 오랜 연인이었다. 처가의 반대를 극복하느라 늦게 결혼했으나 주위의 부러움을 살 만큼 잘 어울리는 커플이었다. 그랬다가 갑자기 무너졌다. 반대를 극복하는 데만 신경 쓰느라 미처 직면하지 못했던 갈등 요인들은 물론 쌓여 있던 감정들이 한 번에 터진 것이다.

친구는 추억의 장소를 순례하며 무슨 생각을 하는 것일까. 옛 기억을 떠올리며 현실을 부정하고 싶은 것인지 모른다. 혹은 후회가 되는 시점으로 돌아가 미련과 애증, 자책감을 거듭 떠올리며 스스로 벌주기 위한 것일 수도 있다. 그런 행동이 바람직한 변화를 일으킨다면 다행이겠지만 그는 순례를 마치고 나면 술에 취해 세상을 탓할 뿐이었다.

기억은 각색되기 마련이다. 우리는 기억하고 싶은 것만을 기억하면서 그것만이 진실이었다고 착각한다. 문제는 과거에 대한 집착이 오늘 누려야 할 즐거움과 의미를 찾지 못하게 한다는 점이다. 과거로 돌아가 과거 속에 살고 있는 그는, 오늘을 사느라 바빠 자신의 속내를 몰라주는 친구들에게 연신 서운함을 토로했다.

나는 친구와 전혀 다른 입장이다. 지금이 그 어떤 순간보다도 중요하다고 생각한다. 또한 현재에 만족한다. 어린 시절의 기억이 안 좋았기 때문에 더욱 그런지도 모르겠다. 나뿐 아니라 주변의 친구들을 봐도 옛날의 서툴고 부족했던 모습보다는 어른이 되고 난 뒤의 자신이 대견하고 자랑스럽다는 쪽이 많다.

이런 점에서 순례자 친구는 지금의 자신을 초라하게 느껴 과거로 도피하거나 퇴행한 것 아닐까 싶다. 현실에 발을 딛고 있지 않은 것이다. 하지만 이런 시간이 길어질수록 오늘 이 순간마저 아쉬워할 과거로 만드는 것은 아닐까 하는 생각에 안타까웠다.

우리들 대부분은 과거를 부정하는 쪽 또는 미화된 과거에서 헤어나지 못하는 쪽의 중간 어디쯤에 서 있다. 현명하게 나이 들어간다는 것은 과거의 불행을 교훈 삼는 동시에 행복했던 기억을 소중하게 간직할 수 있는 적정 지점을 찾는 것 아닐까.

살아갈 날들을 준비하며 앞으로 나아가지 않으면 안 된다. 그러기 위해서는 무엇보다 지금의 나를 받아들이고 사랑해야 한다. 어제의 실수 때문에 고통스러울 수 있지만 다행히 아직 미래는 그려지지 않았다. 지금부터 차근차근 준비해 원하는 미래의 모습을 그리면 되는 것이다. 그게 세상살이의 이치를 조금은 깨달은 어른의 태도가 아닐까.

우리 모두는 즐겁게 살기를 원한다. 그럴수록 다 지나간, 어쩔 수 없는 것을 붙들 게 아니라 지금이 아니면 놓치게 되는 것을 선택해야 한다. 지금을 잘 지낼수록 미래는 분명 밝아지니까.

그런 의미에서 친구에게 이 말을 꼭 전하고 싶다.

'살아갈 날들이 헤아릴 수 없을 만큼 많이 남아 있어. 그러니까 힘내.'

언제 올지 모를 미래를 위해 오늘을 희생하지 말 것

의식적이든 무의식적이든 누구나 자신에게 끊임없이 질문한다. 의식적으로 좋은 질문을 하면 인생의 만족도도 높아진다. 좋은 질문은 이런 것이다. '나는 언제 행복할까?' '행복한 순간을 늘리려면 어떻게 하는 게 좋을까?'

전 직장 상사 중에 수도승처럼 생활하는 분이 있었다. 술과 담배, 야근의 연속이었던 회사 분위기에서 거의 불가사의한 존재였다. 술을 입에 대지 않는 것은 물론 이렇다 할 취미도 없었다. 낚시나 등산, 골프, 바둑 어디에도 손대지 않았다.

"나중에 은퇴하면 시간 많을 텐데 그때 실컷 하려고."

후배들이 물을 때마다 그는 이렇게 대답했다. 그러나 결과적으로 은퇴 뒤에도 그렇게 살지 못했다. 낚시는 지루했고, 등산은 적성에 안 맞았으며, 골프는 배우다 갈비뼈에 금이 가는 바람에 그만뒀다. 여행도 몇 군데 다니다 곧 시들해졌다.

즐겨본 경험이 없어서 그랬을 거다. 일하던 때와 같은 보람을 느끼지 못해 실망했을 수도 있고, 생산과는 거리가 먼 활동을 하면서 어쩐지 죄책감을 느꼈을 수도 있다.

언젠가 올 그날을 기다리며 힘겨운 오늘을 위로하는 이들이 꽤 많다. 지금은 바빠서, 급하거나 중요한 일들이 더 많아서 할 수 없지만 나중에 여유가 생기면 지금 하고 싶은 것들을 전부 할 수 있을 거라 기대한다. 대표적인 게 독서다. 여행이나 목공일 배우기, 바이크 같은 것들도 있다.

그러나 막상 그날이 오면 즐기지 못한다. 상상했던 것만큼 즐겁지 않기 때문이다. 시도해보고 얼마 지나지 않아 흥미를 잃는다. 일상이 무료해진다.

제대로 된 취미일수록 친해지는 데 시간이 걸리기 마련이다. 숙련이 필요한 독서나 바둑 같은 취미는 더욱 그렇다. 게다가 사람이란 하던 일을 계속하는 속성이 있다. 그러니 여행이든 목공 일이든 일찌감치 익숙했던 사람이 나이가 들어서도 즐길 수 있는 것이다.

언젠가 올 그날을 위해서는 지금부터 준비가 필요하다. 어떤 즐거움은 시간을 내서 배우고 틈틈이 연습해야 온전히 내 것으로 만들 수 있다. 나중을 위한 준비라는 구실도 사실은 필요 없다. 그저 지금 즐거운 일을 좇으면 당장의 우중충한 기분을 날려버리고 즐거운 하루를 보낼 수 있다.

나는 중학교 때부터 즐겨왔던 취미를 아직까지 이어가는 중이다. 그때 매료됐던 하드록이며 프로그레시브 록 음악들을 '늘 하던 짓'처럼 듣는다. 책을 읽을 때는 클래식을 듣지만, 피곤하거나 졸릴 때에는 강렬한 하드록을 듣는 게 최고다. 어릴 때 록 음악에 심취했던 게 얼마나 다행이었는지 이제 와서 절실하게 느낀다. 유행에 휘둘리지 않았기에, 남들 기준에 맞추려 하지 않았기에 오랫동안 '나다운 취향'을 유지할 수 있었다.

덕분에 때로는 일하면서 놀고, 놀면서 일한다. 의욕이 나지 않을 때는 즐거움이 선사하는 기분 전환의 힘을 활용하는 것이다. 헤드폰 볼륨을 높이고 어깨를 들썩이며 리듬에 맞춰 자판을 두드리다 보면 갈피를 잡지 못하던 원고가 어느새 목표 지점을 향해 달린다.

좋아하는 것이 있고 그것을 누릴 수 있다는 것은 분명 행운 중에서도 급이 꽤 높은 행운일 것이다.

내 몫이 아닌 것을
욕심 낸 결과

방황이 어린 시절의 전유물만은 아니다. 삶의 중반에도 나를 잃고 헤맬 때가 있다. 대부분은 금방 정신을 차리고 제자리로 돌아온다. 그러나 어떤 사람들은 원래 있던 곳으로 돌아오지 못한다. 너무 멀리 가버렸거나 '있던 곳' 자체가 없어져버렸기 때문이다. 친하게 지내던 선배의 경우가 그랬다.

친구의 창업에 소액을 투자했던 게 발단이었다. 창업한 회사의 주식이 주식시장에서 거래되자 굉장한 상승폭을 이어갔다.

상승폭이 커질수록 선배는 아쉬웠다. 너무 적은 금액을 투자한 데다 일찌감치 처분했기 때문이었다.

그는 어머니와 매제, 장인, 장모, 처형, 동서 등의 명의를 이용해서 차명 증권 계좌를 여러 개 만들었다. 그러고는 차명 계좌로 친구 회사의 주식을 사들였다. 차명 계좌를 여럿 만든 이유는 친구에게서 정보를 듣고 주식을 분산 투자·매매하기 위해서였다. 이는 사실 내부자 정보를 이용한 불법거래다. 차명 계좌 역시 불법이다.

친구는 그가 용돈이나 버는 줄 알고 민감하지 않은 정보는 선선히 알려주었다. 선배는 주가가 오를 만한 정보에 주식을 미리 사고, 정보가 공개돼 주가가 크게 오르면 파는 식으로 상당한 수익을 냈다.

당연히 이 일이 일탈이라는 인식은 있었다. 불법이라 위험하고 친구에게도 부담이 되는 일이었다. 그래서 원래는 목표 금액에 도달하면 그만두려고 했다. 전세금에 수익을 보태 내 집 장만의 꿈을 실현할 수 있는 정도면 충분했다. 하지만 선을 몇 번 넘자 욕심이 커졌다. 자동차를 바꿨고 아내에게도 새 차를 뽑아줬다. 더 큰 집을 꿈꾸게 됐다. 양심의 경계선도 무너졌다. 회사 일을 대충 하면서 업무 시간에 주식 거래하는 것이 눈치 보여 사표까지 내고 말았다.

모든 일탈은 자기 파괴로 이어지기 마련이다. 일탈은 일상의 기본 질서부터 뒤죽박죽 만들어놓는다. 선배는 대학 때부터 아르바이트로 학비를 버는 등 노력으로 삶을 개척한 사람이었다. 그런데 그의 오랜 성취가 2년 반의 일탈로 물거품이 되었다.

차명 계좌로 인한 문제는 초반부터 불거졌다. 명의를 빌려준 당사자들에게 과한 용돈을 수시로 주었지만 고마움은 잠시, 곧 불만이 쏟아졌다. 자기 명의의 계좌에서 투자 원금과 수익을 알게 된 이들이 "그만큼이나 벌어놓고 왜 이것밖에 안 주느냐"고 불평을 늘어놓았기 때문이다.

아내까지 "겨우 자동차 한 대로 끝내는 거냐"며 불만에 가세했다. 시댁과 친정에 떼어준 몫에도 차이가 있다며 친정의 대변인 역할을 자처하기도 했다. 다툴 일이 늘었고 관계에 금이 가기 시작했다.

이듬해에는 명의를 빌려준 사람들의 건강보험료와 국민연금 납입액 부담이 급격하게 늘어나면서 시끄러워졌다. 이 두 가지는 소득에 연동되어 매년 조정되는데, 차명 계좌로 인해 그런 문제가 생긴다는 것은 나도 선배의 이야기를 듣고 처음 알았다.

선배는 하루에도 몇 번씩 부모님과 형제들, 처가 식구들에게 전화를 받았다. 모두 바라는 게 많았다. 누이동생은 커피 전문 체인점을 열고 싶어 했고, 처형은 네일숍을 하고 싶어 했다. 재벌이라도 되는 줄 아는 모양이었다. 그는 사람들에게 지치기 시작했다. 돈이 많으면 행복할 줄 알았는데 정작 돈이 생기고 나서는 하루도 마음 편할 날이 없었다.

무엇보다도 힘든 것은 자기 마음을 이해해주는 이가 한 명도 없다는 것이었다. 아내마저도 딸아이를 비싼 사립학교로 전학시킨 후로는 다른 학부모들의 생활 수준을 들먹이면서 매일같이 불만이었고 결론은 언제나 돈으로 끝났다.

결국 선배는 돈으로 행복해지기는커녕 돈 때문에 외로워졌다. 정신의학자들은 일탈을 가속화시키는 주원인으로 외로움을 꼽는다. 나를 알아주는 이가 아무도 없다는 생각에 외로워하다가 유혹을 받으면 쉽게 넘어가고 만다는 것이다.

고생하지 않고 번 돈은 쌓이기 쉽지 않을뿐더러 금방 새어나가기 마련이다. 선배는 유흥에 빠져 돈을 탕진하며 빠른 속도로 자기 파괴의 길을 달렸다. 여자친구가 생겼고 명품 선물을 사주며 해외로 여행을 다녔다. 그러면서도 여전히 허전하고 외로웠다. 그쯤 되니 될 대로 되라는 심정이었다고 한다. 일탈은 자기 학대의 일종이기 때문에 정도를 넘어서면 더욱 비뚤어진 세계로 자신을 몰아간다.

불만이 많았던 처형이 선배의 아내를 부추겨 사설 조사원을 붙이는 바람에 모든 정황이 드러났다. 이혼 조건을 놓고도 처가 식구들 모두가 합심해 달려들었다. 불법을 저지른 선배는 불리했다. 거의 모든 자산을 주는 것으로 협상이 끝났다. 시간이 지난 뒤 선배는 이상하게도 빈털터리가 된 후에야 속이 후련해졌다고 고백했다.

선배가 일탈에서 느꼈던 외로움과 불안을 조금은 이해할 수 있을 것 같다. 친구나 동료들은 평범한 삶을 유지하며 살고 있는데 나만 궤도에서 벗어나 너무 먼 곳으로 와버렸다는 각성이 곧 외로움이었을 것이다. 제대로 된 삶으로 돌아가고 싶은 그의 양심이 스스로 정말 괜찮은지 자꾸 질문을 하니 불안하지 않을 수 없었을 것이다.

불법적으로 생긴 돈은 선배의 수중을 떠난 뒤에도 여러 사람을 불행하게 만들었다. 그의 자산을 넘겨받은 아내와 처가 식구들 사이에도 분란이 생겼다. 급기야 아내가 아이를 데리고 외국으로 떠나는 것으로 다툼이 마무리되었다. 하지만 큰돈을 관리해본 적 없는 그의 아내도 외국에서 상당한 돈을 날리고 말았다. 지금 선배는 "딸아이 못 보고는 못 산다"며 외국으로 따라가 한인 마트에서 일하고 있다.

쉽게 벌어들인 돈은 그저 스쳐갈 뿐이다. 내 몫 아닌 것에 욕심을 부렸다가 돈이 나를 파괴하고 내 자유를 빼앗아가는 것은 물론 내 주변까지 망칠 수 있다는 것을 알았다.

정당한 방법으로, 노력해서 벌고 남은 돈만이 내 것이다. 이 점을 어떠한 유혹 앞에서도 기억해야 한다.

취향과
고집의 차이

　　　　　　　　　　　해외 출장을 다니다 보면 음
식에 유독 예민한 사람이 있다. 한국에서는 피자며 햄버거를 가
리지 않다가도 외국만 나가면 한식에 유난히 집착한다.

　한번은 남미에 출장을 갔는데, 일행 중에 '먹거리 애국자'가
있었다. 김치 없이는 한 끼도 못 먹는다면서 따로 포장된 반찬
을 챙겨온 것도 아니었다. 그러고도 첫날부터 현지 담당자에게
"왜 한국 식당을 예약하지 않았느냐"며 면박을 주는 바람에 분
위기만 냉랭해졌다. 하지만 제일 나이가 많은 선배였기 때문에

모두 눈치만 볼 뿐이었다. 결국 일행 중 몇 명이 중재에 나서 "하루 한 끼는 한국 식당에 가자"는 쪽으로 타협을 이뤘다.

먹는 것은 취향의 문제다. 예를 들면 나는 '모험가형'이다. 외국에 가면 현지 음식을 꼭 먹어보는 쪽이다. 특유의 재료와 향신료, 조리 방법은 오직 그 나라에서만 체험할 수 있는 것이니 말이다. 한식 없이도 얼마든지 버틸 수 있다.

하지만 유독 한식만 찾는 사람들은 현지 음식을 시도조차 하지 않는다. 그 또한 취향이니 뭐라고 할 수는 없는 일이다. 사실 취향 문제를 확장하면 우리도 크게 다르지는 않다. 언제나 쉽고 익숙하며 편안한 쪽을 선택한다. 손에 익은 일을 먼저 하려고 하고 낯선 방식에는 의문이나 의심부터 갖는다.

현지 담당자는 다음 날 저녁을 한국 식당으로 예약했다. 교민이 운영하는 곳이어서 양도 푸짐하고 맛도 좋아 모두 만족했다. 문제는 그다음이었다. 다음 날 방문할 도시에는 한국 식당이 없으니 한식을 먹으려면 4시간 거리의 다른 도시로 호텔을 바꿔야 한다는 것이었다. 아직 시차 적응이 되지 않아 가뜩이나 피곤한데 한식을 먹자고 그 먼 거리를 이동해야 하다니…. 어이가 없었지만 선배의 눈치를 보며 따르기로 했다.

그때부터 '먹거리 애국자'의 불운이 시작되었다. 밤늦게 도착한 도시의 한국 식당은 정체불명의 식당이었다. 김치찌개는 맹

탕이었고 두부전골은 두부를 그냥 물에 빠뜨린 것이었다. 호텔마저 원래 묵을 예정이었던 곳에 비하면 한심한 수준이었다.

그의 고집이 일행 전체를 불편하게 만든 형국이었다. 그가 자기 취향을 강하게 고집하지 않았다면 원래 방문할 예정이었던 도시의 중국 식당에 들렀다가 일찌감치 깨끗한 호텔에 도착했을 것이다. 그런데 고생은 고생대로 하고 엉터리 같은 식사에 온수도 제대로 나오지 않는 호텔에 투숙하게 됐으니 불만이 터지지 않을 리 없었다.

"누가 여기 오자고 한 거야?"

후배들이 대놓고 툴툴대는데도 당사자는 말이 없었다. 현지 담당자는 "이곳은 치안이 좋지 않으니 호텔 밖으로 절대 나가지 말라"고 신신당부했다.

자기 취향을 지키는 것이 잘못은 아니다. 그러나 다른 사람들에게 불편을 주는 취향은 그저 고집일 뿐이다. 여럿이 함께 행동해야 할 때 전체적인 분위기를 파악하지 못하고 자기 고집만 부리다 보면 일이 어긋나는 것은 물론 자신을 향한 비난을 피할 수 없다.

그는 또 한 번 고집을 부렸다가 하마터면 목숨까지 위험해질 뻔했다.

다음 날 아침, 1층 식당에서 조식을 먹는데 '먹거리 애국자'가 나타났다. 그는 메뉴가 마뜩잖은지 주스를 한 잔 따라 마시고는 창밖 해변에서 축구하는 아이들을 지켜보다 일어섰다.

"나 저 애들이랑 축구 좀 하고 올 테니까…."

일행 중 하나가 말렸다.

"선배, 여기 위험하니까 밖에 나가지 말라고…."

'먹거리 애국자'는 듣지도 않고 호텔 밖으로 나갔다. 넓은 백사장으로 멀어지는 그를 후배들은 지켜만 봤다.

아이들에 섞여 축구를 하던 그가 얼마 후 허겁지겁 넋이 나간 채로 돌아왔다. 아이 둘이 총으로 위협하는 바람에 지갑을 통째로 내주고 예물시계까지 빼앗겼다는 것이다. 호텔 지배인을 통해 경찰에 신고했지만 아이들은 모두 사라진 후였다. 일행들은 처음엔 놀라서 걱정을 하다가 긴장이 풀리자 실실 웃기 시작했다. 한국에 돌아온 뒤로도 먹거리 애국자의 망신살 뻗친 에피소드가 두고두고 회자됐다.

그의 고집이 요즘에는 어떤지 모르겠다. 그때의 사건을 계기로 달라졌을까. 고집만은 나이가 들수록 유독 강해진다는데 말이다.

친구들에게
가장 많이 배웠다

초등학교 4학년 때 항상 1등을 하던 여자애가 있었는데 성격이 강해서 감히 옆에 앉으려는 남학생이 없었다. 어느 날 자리를 바꾸다가 선생님이 내게 그 아이 옆에 앉으라고 했다. 어떤 일이 생길지는 불 보듯 뻔했다. 선생님께 당하고 짝한테 치이고….

그런데 자리를 바꾼 다음 날 예상치 못한 일이 생겼다. 수업 중 뒷자리에 앉은 친구가 필통을 빼앗아가는 바람이 실랑이가 벌어졌고, 선생님은 나를 가리키며 말했다.

"너, 뒤에 가서 손들고 서 있어."

당시 선생님의 미움을 받고 있던 터라 누가 잘못을 해도 무조건 내 책임이었다. 그때 옆자리에 앉아 있던 여자애가 벌떡 일어났다.

"선생님, 애가 잘못한 거 아닌데요."

그러고는 자초지종을 명확하게 설명했다. 교실이 얼어붙은 듯 조용해졌다. 선생님과 그 아이가 말없이 서로를 바라보았다. 아이는 눈도 깜짝하지 않았다. 일종의 '기 싸움'이었던 것 같다.

선생님은 아무 일 없다는 듯이 다시 수업을 진행했다. 짝은 자리에 앉았고 그것으로 상황은 종료됐다. 그 순간이 얼마나 신기했는지 지금까지 기억이 생생하다.

그 애가 내 편을 들어준 이유는 일종의 정의감에서였을 것이다. 조숙했던 그 애의 눈에 선생님의 처사가 온당치 않게 보였을지 모른다. 그 후로 쉬는 시간마다 책을 읽던 그 애에게 셜록 홈즈 시리즈를 빌려 읽기도 했다.

그때의 경험이 나에게는 나침반이 되었다. 아니, 강하고 안전한 친구 곁에 몸을 숨기려는 강박이 되었다.

학교야말로 철저한 계급 사회였다. 내가 만난 선생님들은 주로 성적이 최상위권인 학생과 부모가 학교 임원인 학생을 함부로 대하지 못했다. 사실상 학교라는 사회에서 가장 눈에 띄지 않는 곳은 바로 그런 아이들의 옆자리였고, 그곳이 내가 숨을 곳이었다. 어렸던 내가 그런 점을 요모조모 따져보고 결론을 내렸던 것은 아니다. 어쩌면 일종의 생존 본능이었는지도 모른다.

어쨌든 이기는 게 익숙한 친구들과 어울리며 패배자의 사고방식에서 벗어날 수 있었다. 예를 들면 "어차피 안 될 거 노력해봐야 손해잖아. 그러니 아예 안 하는 게 낫지" 같은 자포자기는 하지 않게 됐다.

따지고 보면 누구나 친구에게서 가장 많이 배운다. 말투나 태도, 생활 방식까지 친구들과 어울리면서, 의식하지 못하는 사이에 영향을 주고받는다. 옷 입는 스타일이나 문화적 취향은 더욱 그렇다. 친구가 멋있게 보이면 따라하고, 내가 먼저 시도한 것을 친구가 흉내 내기도 한다. 가끔은 바보 같은 결정이나 칠칠치 못한 짓도 친구와 함께하기도 한다. 서로를 탓하며 싸우기도 하지만.

나는 어렸을 때부터 내 색깔을 지우고 안전한 친구들 옆에 몸을 숨겼다. 덕분에 친구들의 다양한 색을 부담 없이 받아들일 수 있었다. 여러 가지 면에서 많이 배웠다. 나는 특별히 개성 있는 편도 아니어서 다른 아이들이 친구로 삼고 싶은 대상도 아니었다. 가끔은 외로울 때도 있었지만 곧 익숙해졌고 결과적으로는 혼자서도 잘 지내는 연습을 할 수 있었다.

삶의 중반에 이르러서야 어렸을 적 강박에서 벗어날 수 있었다. 안전한 친구가 곁에 없어도 스스로 영역을 확보하며 존재할 수 있었다. 그리고 지금껏 유지해온 투명함에 나만의 색을 채워 전혀 다른 색을 가진 친구들과도 어울리게 되었다. 어떤 색이든 편안한 마음으로 받아들일 수 있었다. 다양한 친구들을 통해 다양한 삶의 지혜들을 배운 것이다.

그러고 보면 친구들 덕분에 여기까지 즐겁게 올 수 있었다. 인생의 나머지 반도 좋은 친구들과 함께하고 싶다.

1등의
고단함

　　　　　　　　나는 '1등을 한 번도 해본 적
없는 1등 전문가'다. 학교를 다닐 때는 1등의 곁에서 항상 1등
을 봐왔고, 함께 일했던 신문사 동료들도 거의 1등 출신이었다.
　그런데 그들도 '하프타임'에서는 어김없이 힘겨워한다. 좋은
직장과 안정적인 가정이 있음에도 뭔지 모를 결핍과 상실감에
방황하는 경우가 많다. 1등의 삶을 살아온 그들에게도 나름의
아픔은 있는 것이다.
　겉으로는 여간해서 드러나지 않지만 줄곧 모범생으로 살았

기에 더 아픈 구석도 분명 있다. 어렸을 때는 칭찬받았던 점들이 어른이 된 후에는 오히려 스트레스가 되기도 한다.

학교에서는 정답으로 합의된 가치관을 받아들이고 트랙을 따라 열심히 달리면 충분했지만 사회는 운동장이 아닌 광막한 벌판이다. 어디로 달려야 1등을 할 수 있을지 알 수 없을 때가 많다. 인생에 정답은 없으니까.

줄곧 1등만 해온 친구들에게는 '지금 달리는 방향이 아닐 수도 있다'는 가능성 자체가 상당한 스트레스다. 설령 잘못 달리고 있다고 해도 그것을 인정하기 어렵다. 그래본 적이 없으니 말이다.

더구나 1등에 대한 주위의 기대는 언제나 남다를 수밖에 없다. 그러다 보니 부모와 선생님의 기대에 맞춰 살고, 나이가 들어서는 상사와 동료, 사회의 기대에 부응하려 한다. 하지만 기대는 언제나 인정 또는 실망이라는 결과와 짝을 이룬다. 기대 이상이면 인정을 받으며 보람을 느끼지만 기대에 부응하지 못하면 더한 실망이 돌아온다. 주변의 이런 반응이 1등에게 깊은 좌절감을 안겨준다.

1등이라면 역량에 맞게 자신이 원하는 인생을 살 법도 한데 오히려 남의 기대치에 자기의 인생을 맞추느라 자신을 잃는다. 그래서 많은 1등은 외려 자신을 돌볼 줄 모른다.

다정한 마음을 주고받을 줄 모르는 1등도 의외로 많다. 달리느라 바빠서 옆을 살필 겨를이 없는 것이다. 옆 사람도, 아름다운 풍경도, 삶이 주는 다른 여유도 놓치기 쉽다. 남의 마음을 헤아리며 소소한 것까지 챙겨본 경험은 더욱 없다. 이런 부분이 어릴 때는 독특한 성격쯤으로 여겨지지만 어른이 된 후에는 성격의 결함으로 작용할 수 있다. 특히 평생에 걸쳐 보조를 맞춰야 하는 가족들과도 교감하기 어렵다면 더욱 그렇다.

자신이 무엇을 놓치고 있는지 알게 되면 상황을 바꾸는 출발점으로 삼을 수 있다. 먼저 성취해야 할 목표에서 잠시 눈을 돌려 가까운 사람들이 무엇을 느끼고 생각하는지 살펴보는 게 시작일 것이다.

나에게 맞는 사람을
알아보는 법

출판사 편집자들과 책에 대한 논의를 하다 결혼에 대한 화제로 이야기가 샜다. 공교롭게도 편집자들 모두 싱글이었다. 누군가 이런 문제를 냈다.

"잘생긴 말이 있고 부지런한 소가 있어요. 둘 중 어느 쪽을 선택하겠어요?"

각자 취향에 따라 갈렸지만 말을 선택하는 쪽이 좀 더 많았다. 어느 쪽을 선택하든 일장일단이 있었다.

먼저 말은 멋지고 빠르다. 어디든 함께 갈 수 있다. 아름다운 말과 나란히 서면 세상을 다 가진 기분이다. 탐내는 경쟁자들이 많으니 조바심을 낼 때도 있다. 그러나 관리만 잘하면 사람들의 부러운 시선 속에서 우월감과 성취감을 맛볼 수 있다.

소는 말에 비해 무난하다. 멋지지는 않지만 우직하게 일을 잘한다. 성격이 온순하고 풀어놔도 멀리 가지 않는다. 함께 살아가는 데 마음 편한 것은 소다.

누구도 말의 뒷발질이나 소의 뿔에 대해서는 언급하지 않았다. 생각하기 싫은 것이다. 사랑에 빠졌을 때 실패할 가능성을 아예 떠올리기 싫은 것처럼.

싱글일 때의 나는, 그날의 편집자들과 비슷했던 것 같다. 몇 번의 실패를 경험하고, 짝사랑에 아팠으며, 친구들에 비해 인연을 찾는 게 어렵게 느껴졌다.

'이러다 나 혼자만 남는 것 아닌가?' 하는 불안감과 '과연 인연을 만날 수나 있을까?' 하는 회의 사이를 수시로 오갔다. 그러면서도 '내게 맞는 인연이 어딘가 있을 거야'라는 희망의 빛줄기를 놓치지 않았다.

아내는 소심하고 약한 성격의 나와 완전히 다르다. 과감하고 강한 성격의 아내가 내 옆에서 밸런스를 맞춰준다. '제 눈에 안경'이라는 말처럼 나 같이 소심한 남자에게 끌리는 여자도 있

는 것이다. 아내는 외려 강한 성격이 콤플렉스였다. 어렸을 때
는 짓궂게 장난치고 달아나는 친구를 운동장 끝까지 쫓아가
배로 갚아주는 스타일이었다.

아내를 처음 몇 번 만났을 때에는 냄새를 잘 맡고 귀가 예민
해 '개 과'라고 생각했다. 그러나 결혼 후 본색을 드러냈을 때에
야 아내가 '개 과' 중에서도 최상위인 '늑대'와 비슷하다는 것을
알았다. 개와는 달리 재롱을 부리지 않으며 혼자 있는 것을 좋
아했다. 새끼를 제외하고는 누군가 집적대면 사나워졌고, 굴을
파고 들어가거나 먹을 것을 숨겨놓는 것이 늑대의 특성 그대로
였다.

아내는 기본적으로 사람을 믿지 않는다. 겉으로는 사람들과
잘 지내지만 뼛속 깊이 인간에 대한 불신을 가지고 있다. 그래
서 소심한 남자를 편하게 생각했는지도 모르겠다.

소심한 남자는 해롭지 않은 대신 만만하게 여겨지기 쉽다. 그
래서 약해 보이는 사람은 강자에게 피해를 입을 가능성이 높
다. 알래스카나 그린란드 같은 극지에 사람들이 살게 된 이유
도 그 때문이었다. 노예로 삼으려는 이들로부터 도망치다 보니
살아남기조차 어려운 곳에 이르러 뿌리를 내리게 된 것이다.

아내의 예민한 후각과 청각은 내게 안 좋은 뜻을 품은 사람
들을 정확하게 분간해낸다. 누군가 나를 이용하려고 하면 송곳

니를 드러낸다. 나는 아내에게 사나운 성질을 드러내지 말라고 자꾸 잔소리를 한다. 하지만 나 때문에 아내가 전보다 사나워진 것은 아닌가 하는 생각도 든다.

철이 들면서 사람과 상황을 입체적으로 볼 수 있게 됐다. 드러난 겉모습과 함께 내면에 빛나는 의지까지 알아보는 안목이 생겼다는 게 맞는 말일 것이다. 언뜻 추하거나 비참해 보이는 삶 속에도 고결하고 가치 있는 내면이 있다는 것을 알게 되었다.
말이든, 소든, 늑대든 세월을 거치며 각각의 본성을 드러내고 발휘한다. 세월이 행운과 불운, 평온과 위기, 역경 등을 교대로 보내어 담금질도 한다. 어떤 유형의 사람이 내게 맞는지는 세월이 쌓인 뒤에야 알 수 있는 것이기도 하다.
내가 상대를 통해 더 나은 사람이 되고 있다면 나 또한 그에게 좋은 사람일 것이다. 교감은 세월이 흐르고 서로에 대한 이해가 쌓인 뒤에야 비로소 완숙된다.

사람을 행복하게 만드는 세 가지 요인을 꼽는다면 일과 기대감 그리고 내 곁에 머물 한 사람일 것이다.
나는 누구나 각자의 인연이 있다고 생각한다. 다만 그 인연을 일찍 만나느냐 늦게 만나느냐의 차이가 있을 뿐이다. 몇 번의 실패를 거듭해도 만날 사람은 만나게 된다. 때로는 지구를 몇 바퀴 돌 정도의 노력을 기울인 끝에 바로 곁에서 인연을 찾을 수도 있다.

하지만 드라마에서 보는 것과는 달리 특별한 만남이 꼭 특별한 인연으로 이어지는 것은 아니다. 우연에 가까운 만남을 소중한 인연으로 이어가고 싶다면 서로의 다른 본성이 어우러지고 시너지 효과까지 낼 수 있도록 오랜 시간 노력과 인내로 두 사람만의 드라마를 만들어가야 한다.

말하지 않아도 알아서
해주는 사람은 없다

　　　　　　　　　　　사회에 나와 처음 여자친구를
사귈 때는 걸핏하면 퀴즈 게임을 하는 기분이었다. 그녀는 원
하는 게 있어도 말하지 않았다. 그저 내가 알아서 해주기를 바
랐다. 가장 흔한 퀴즈는 저녁 메뉴나 볼 영화를 선택하는 것이
었다. 보통 여자친구는 "아무거나" 혹은 "알아서 해"라고 답했
는데 그 말의 의미를 이해하기는 쉽지 않았다. 정말 아무거나
먹거나 알아서 고르면 화내기 일쑤였다. 만회해보려고 의욕을
부리다가 일을 더 크게 망칠 때도 있었다.

"그러니까 오빠가 안 되는 거야."

가장 난이도가 높은 퀴즈는 역시 선물이었다. "뭘 원하느냐"고 물어보면 속 시원하게 대답해주지 않았다. 무리를 해서 값비싼 선물을 해도 '난 이런 걸로 기뻐하는 속물이 아니야'라고 하는 듯한 시큰둥한 표정을 지었다.

그런 태도에 짜증이 나서 다가올 그녀의 생일을 모르는 척했다. 그녀는 나름대로 서프라이즈 이벤트를 기대했는지 지켜보겠다는 눈치였다. 둘이서 동시에 버티기 국면에 돌입했다. 그러다 정말로 생일을 아무 일 없이 보내고 말았다.

한동안 서로에게 연락하지 않았다. 그녀는 마음이 많이 상한 것 같았고, 나도 그깟 선물 때문에 서운해하는 그녀를 이해하기 어려웠다. 헤어진 것인지 아닌지 확실하지 않은 애매한 시간을 보낸 후 결국 백기를 든 것은 나였다. 늦었지만 생일 선물을 준비했고, 사과하면서 서운한 마음을 풀고 싶었다.

하지만 그것은 나만의 착각이었을 뿐, 그녀는 내 전화를 받아주지 않았다. 실망스러운 생일을 계기로 나와 헤어지기로 한 것이었다.

그녀와 사귀고 헤어지며 '관계'에 대해 많이 생각했다. 우리 둘 다 '좋은 관계'가 무엇인지 잘 알지 못했다. 내가 원하는 것을 상대가 채워주기만 바랐다. 그러면서도 자신의 생각을 전하는 방법은 몰랐다. 그게 실패의 이유였다. 서로에게 솔직하게 마음을 터놓고 이야기했더라면 그보다 좋은 관계를 이어갈 수 있었을 텐데….

원하는 것을 서로에게 말한다는 것은 두 사람 사이의 균형점을 찾아가는 과정이다. 관계의 무게 중심이 한쪽으로 기울어지면 상대를 지배하려는 태도로 이어질 수 있고, 다른 쪽으로 기울면 끌려다니는 수동적인 관계로 귀결될 수 있다. 그녀와 나는 균형점을 찾는 데 실패한 것이다.

말하지 않아도 서로의 마음을 헤아릴 수 있다면 최고의 관계일 것이다. 그러면 상대에게 원하는 것을 줄 수 있고 감동받은 상대가 나의 마음을 읽어 내가 바라는 바를 들어줄 것이다. 이런 선순환을 통해 사랑은 더욱 커져간다. 하지만 그럼에도 불구하고 나는 구체적이며 현실적인 소통이 관계를 단단하게 만들어준다고 생각한다.

퀴즈 게임의 그녀로 인한 마음고생 때문이었는지, 원하는 것을 가감없이 말하는 아내에게 강하게 끌렸다. 아내는 모호한 표현을 하지 않는다. 좋으면 좋다고, 싫으면 싫다고 분명하게 말한다. 원하는 게 있으면 "이거 사줘" 아니면 "돈으로 줘"라고 심플하게 표현한다.

나도 가끔은 아내가 원하는 것 이외의 선물이나 성의를 보이기도 한다. 연애할 때처럼 두근거리는 이벤트는 아니지만 기억에 남는 하루를 선물하려고 약간의 준비를 한다. 숱한 '퀴즈'를 풀며 쌓은 경험이 헛된 것만은 아니었던 모양이다.

하지만 대부분의 경우 아내도 나도, 상대가 알아서 해주기를 기대하지도, 기다리지도 않는다. 자기 취향을 서로에게 분명하게 드러냄으로써 불필요한 오해를 줄인다. 오해할 여지가 줄어들면 실망하거나 부딪힐 일도 그에 비례하기 마련이다.

나를 솔직하게 드러내야 상대도 나에게 맞는 사람이 되기 위해 구체적인 노력을 할 수 있는 것 아닐까. 가까운 사이일수록 더욱 말이다.

주는 사랑과
받는 사랑

우리 모두는 태생적으로 사랑받아 마땅한 존재였다. 어렸을 적부터 부모의 헌신적인 사랑을 일방적으로 받으며 자랐기 때문이다. 그러나 사랑을 주는 법은 자라면서 배워야 했다. 그 과정에서 숱하게 넘어지고 다치기도 했다.

주는 것은 받는 것보다 어렵다. 의심 없이 받기는 해도, 의심 없이 주는 일은 드물기 때문이다.

'내가 이만큼의 사랑을 줬는데 받지 못하면 어떡하지?'

그러면 주는 것을 멈추고 기대하기 시작한다.

'그래도 준 게 있으니 이만큼은 받을 수 있겠지?'

나는 어떤 사람인가. 관심과 사랑을 주는 쪽인가 받는 쪽인가.

케이트 디카밀로의 동화 《에드워드 툴레인의 신기한 여행》에서 사랑을 갈망하는 토끼 에드워드에게 나이 많은 인형이 충고한다.

"마음을 열어. 누군가 올 거야. 누군가 너를 위해서 올 거라고. 하지만 네가 먼저 마음의 문을 열어야 해."

어른은, 비가 새고 바람이 드는 사랑일지라도 그 빈틈과 허술함을 있는 그대로 사랑한다.

그러므로 주는 것이 받는 것보다 어른의 사랑에 더 가까울 터이다.

인간관계의
목적

　　　　　　　　　거의 모든 남성 직장인이 회
사 밖으로 나오면 급속히 좁아진 세계에 직면한다. 어울릴 사
람이 확 주는 것이다. 몇몇 친구를 제외하고는 거의가 일을 통
해 맺어진 비즈니스 관계이기 때문이다. 비즈니스 관계는 득이
될 게 없으면 만날 일이 없다. 공통점을 찾으면 비교적 금방 친
해지는 여성들과 달리 남성들은 나이가 들수록 새로운 인간관
계를 맺는 데 부담을 느낀다.

　일찌감치 은퇴한 선배가 전원주택을 고집하다 집에서 쫓겨날

뻔했던 이야기를 들려준 적이 있다. 선배는 귀향을 한 친구가 부러워 서울을 떠나 살자고 아내를 여러 번 설득했지만 번번이 거절당했다. 자연을 벗 삼아 살아보자는데 죽어도 싫다는 아내를 이해할 수 없었다.

그냥 저지르자고 생각했다. 분양업자를 몰래 만나 집 지을 땅을 골랐다. 계약금까지 치르고 나면 아내도 어쩔 수 없을 거라는 생각이었다. 하지만 계약을 이틀 앞둔 날, 모처럼의 모임에서 돌아오니 현관 앞에 여행 가방과 텐트가 놓여 있었다. 현관문이 열리지 않았다. 비밀번호가 바뀐 것이었다. 아내가 안쪽에서 남편을 향해 말했다.

"자연이 그렇게 좋으면 집 지을 게 뭐 있어? 거기 가서 텐트 치고 살아."

아내는 모르는 척했을 뿐이다. 선배의 휴대폰에서 분양업자와 주고받은 문자 내역을 틈틈이 확인하며 일이 어떻게 진행되는지 다 알고 있었다.

적지 않은 남편들이 전원생활을 꿈꾼다. 반대로 아내들은 아이의 건강 문제 같은 특별한 경우가 아니면, 친구가 많고 생활하기 편한 도시를 떠나고 싶어 하지 않는다.

선배의 이야기를 듣고 보니 떠오르는 장면이 있었다.

예전에 회사를 옮기기 전, 한 달 남짓 집에서 쉰 적이 있다.

첫 일주일은 아내도 함께 있는 것을 즐거워했는데 보름이 지나자 언짢은 기색을 드러냈다. 남편이 종일 집에 있으니 친구들과 맘 편하게 어울리지 못해 답답했던 것이다.

　남성들이 생활 전반에서 활력 있게 살아가려면 아내들의 방식을 보고 배워야 한다. 이해관계를 따지지 않고도 편하게 만날 수 있는 친구들을 일찌감치 만들고 평소에 잘 어울려야 한다.

　사진 동호회 활동을 하는 친구는 한 달에 한 번씩 출사 모임에 나간다. 모임에서는 사진 잘 찍는 사람이 스타다. 회사에서 높은 위치에 있다고 존경을 받는 일이 없고, 반대로 나를 무시하지 않을까 걱정할 필요도 없다.

　용기를 내면 이런 모임에 가입해 새로운 관계를 만들 수 있다. 다만 낯선 사람들과 친해지기까지는 노력이 필요하다.

　어떻게 처음 만난 사람들과 가까워질 수 있을까. 여성들의 방식을 살펴보면 힌트가 있다.

　그들은 다른 이에게 흔쾌히 손을 내밀고(특히 육아를 하면서 이런 경향이 더욱 강해지는 듯하다), 누군가 내밀어준 손을 잡는 데 주저하지 않는다. 이해관계보다는 관심사가 비슷한 다양한 사람들과 두루 어울리며 광범위한 세계를 구축한다. 육아나 아이들 교육, 온라인 커뮤니티, 취미 생활 등으로 사귀게 된 친구들이 일상에

차고 넘치는데 굳이 자연을 벗 삼아야 할 이유가 없는 것이다.

도시를 떠나 전원에서 살고 싶다면 가장 먼저 아내가 포기해야 할 것들에 대해 생각해볼 필요가 있다.

자기 확신을 키우는
연습

인터넷 동호회의 오프라인 모임에 색다른 이유로 참석한 적이 있다. 만나보고 싶었던 사람이 있었기 때문이다. 그는 걸핏하면 논란을 일으켜 동호회 게시판을 시끌시끌하게 만드는 주역이었는데, 그의 강한 스타일이 일종의 카리스마로 보였는지 일부 추종하는 회원도 있었다. 그가 어떤 사람인지 궁금했다.

그는 모임에 '명문대 과잠바'를 입고 나타났다. 철지난 옛날 잠바였다. 아무리 봐도 삼십 대 후반에 가까운 나이로 보이는

데 과잠바라니…. 참석 멤버 가운데 상당수가 경악을 금치 못하는 기색이었다.

'과잠'은 자신을 L전자 ○○ 부문 디자인 팀장이라고 소개했다. 그런데 하필이면 앞자리에 있던 다른 회원이 자기 동생도 그곳 소속이라며 반색을 했다.

"와, 세상 좁네요. 제 동생의 상사분이셨군요. ○○○ 주임 아시죠? 걔가 제 동생이에요."

"아…. 글쎄요. 그런 친구가 있는 것 같기도 하고…."

순식간에 '과잠'의 얼굴이 굳었다. 동생 이야기를 꺼낸 회원은 거짓말을 눈치챘는지 더 이상 묻지 않았다. 모임에서 오간 대화를 통해 그의 많은 부분이 드러났다. 그는 관심을 받는 게 좋아서 자꾸 싸움을 도발하고 문제를 만드는 부류였다.

이 정도는 아니지만 주목과 관심을 받고 싶은 마음에 무리를 하다가 민폐를 끼치는 캐릭터를 주변에서 만날 수 있다. 예를 들면 약속을 잡을 때마다 번번이 바쁘다면서 존재감을 과시하는 친구가 있다. 이 날도 안 되고, 저 날도 안 되고, 도대체 되는 날이 없다. 그러면서 남들이 안 되는 날만 골라서 만나자고 한다. 이런 성향은 응석이나 다름없다. 친한 사람들의 호의에 기대어 멋대로 행동하면서 자신이 얼마나 중요한 사람인지 확인받고 싶은 것이다.

예전에 자수성가한 중견 기업 CEO를 취재하다가 흥미로운 이야기를 들었다. 사장이지만 존재감을 과시하기보다는 드러내지 않기 위해 신경을 쓴다는 것이다. 사장이 존재감을 자꾸 드러내다 보면 개인의 잘못도 회사 전체의 문제로 여겨질 수 있기 때문에 득보다는 실이 많다는 설명이었다.

그는 직원을 대할 때도 잘못을 지적하는 것보다 칭찬을 할 때 각별히 조심한다고 말했다.

직원 중 하나가 좋은 일을 했다 치자. 개인 차원일 수도 있고, 회사에 공을 세웠을 수도 있다. 만약 내가 경영자라면 조회 시간 등을 이용해 직원들 앞에서 그 직원을 공개적으로 칭찬을 해줄 것 같았다. 본보기가 될 뿐 아니라 동기부여도 될 테니까. 하지만 사장은 개인적인 일이라면 따로 불러 조용히 칭찬하는 게 낫다고 했다.

"공개 칭찬이 다른 직원들에게 비공식적인 지침으로 오해되는 경우가 있어요. 그러면 다른 사람들도 칭찬을 받으려고 따라하게 되죠. 자칫하다가는 조직의 창의성이 위협받을 수 있습니다."

우리는 스스로 확신을 갖지 못할 때 주변 사람들로부터 더 강하게 인정받고 싶어 한다. 위기감을 느낄 때 자기 존재감을 더 많이 과시하려 한다.

하지만 인정과 존중은 내가 원한다고 받을 수 있는 게 아니다. 주는 사람의 마음에 달려 있기 때문이다. 그러니까 다른 이에게 인정을 받으려고 애쓰기보다는 스스로 실력과 내공을 키워 자신감을 높이는 쪽이 더 나은 방향이며 근본적인 해결책이다.

나는 다른 사람을 격려할 때 자신감을 얻고는 한다. 좋은 역할을 했다는 성취감 때문이다. 사소한 습관이지만 택시를 타면 기사 아저씨와 이런저런 이야기를 하다가 목적지에서 내릴 때 잊지 않고 이렇게 인사한다.

"좋은 하루 보내시고요, 돈도 많이 버세요."

좋은 말을 해주고 싶은 이유는 상대를 위해서이기도 하지만 결국에는 나를 위해서다. 선의를 전하고 호의를 베푸는 마음은 자신과 상대방의 기분에 영향을 주고 마치 잔물결처럼 퍼져나간다. 기분이 좋아진 기사 아저씨는 다음 손님에게 호의를 베풀고, 그 손님 역시 가족이나 동료에게 격려의 바통을 전해줄 것이다. 호의와 격려는 연이어 다른 사람에게 전해지며 그들의 일부가 되어 하루를 만들어나간다. 나는 이를 '잔물결 효과'라고 부른다. 그리고 따뜻한 말 한마디가 누군가의 기분과, 하루와, 인생을 바꿀 수 있다고 믿는다.

내가 주변의 모든 사람에게 존재감 있는 사람이 될 수는 없다. 하지만 말 몇 마디로 나 자신이 꽤 괜찮은 존재임을 확인할 수는 있다. 잔물결을 일으키는 사람이 되어보는 것이다.

　남의 기분을 좋게 만드는 한마디는 무엇보다 나 자신이 좋은 사람이라는 사실을 잊지 않게 해준다.

혼이 나면서
알게 되는 것

최고의 선수에게 코치가 필요한 까닭은 코치의 기량이 선수보다 뛰어나서가 아니다. 그의 '눈'을 빌리고 싶어서다. 아무리 최고의 선수라도 자신의 모든 부분을 볼 수는 없다. 사각지대를 찾으려면 최고 수준의 '눈'이 필요하다.

전 직장에서 다른 부서 선배에게 된통 혼이 난 적이 있다. 부서 간에 협력해야 할 일을 제대로 처리하지 못하고 망쳐버렸기 때문이다. 선배는 나를 불러 편집국이 떠나갈 정도로 화를 냈다. 실무적인 추궁거리가 바닥나자 "평소에 건방졌다"며 혼을 냈다. 선배의 주관적인 느낌에 뭐라 할 말이 없는 나로서는 꼼짝 못하고 진땀을 빼야 했다. 끝날 것 같지 않던 훈계가 마침내 끝났다. 그 모습을 지켜보던 같은 부서 선배가 나를 따로 불러냈다.

"잘 참았다. 수고 많았어."

선배는 내 문제점과 태도, 그 선배의 월권과 인신공격에 대해 차분하게 정리해주었다. 선배의 지적을 받고서야 나는 나의 문제가 무엇인지 알 수 있었다. 그날 잘못을 지적받았고, 그 선배가 그 모습을 지켜보던 것은 행운이었다.

사실 나는 누군가에게 비판을 받으면 쉽게 의기소침해졌다. 동기들의 충고마저도 때로는 비난처럼 들렸다. 자신감이 없어서 그랬을 것이다. 하지만 동료들이 나를 근거 없이 비난할 이유는 없었다. 실제로 내가 실수하면 오히려 감싸주고 위로해주었다. 경력이 쌓이며 선배, 동료들이 악의 없이 나에게 충고했다는 것을 알게 되자 다른 이들의 조언과 비판을 통해 나의 사각지대를 발견할 수 있었다. 사각지대는 스스로 보기 어렵다. 그래서 더더욱 다른 이의 도움이 필요하다.

누군가 나를 비판할 때 가장 중요한 점은 조언의 내용을 받아들이기 어려워도 화내지 않고 끝까지 들어야 한다는 거다. 사각지대에 숨은 단점은 내게 이미 익숙해졌기 때문에 처음에는 받아들이기 어렵다. 하지만 이성적으로 생각해보면 일부러 듣기 싫은 소리를 하는 것도 쉬운 일은 아니다. 남에게 조언하기 위해 시간을 내고, 심지어 미움까지 감수할 수 있는 사람은 그리 많지 않다.

나를 겨냥한 비판은 나만을 위한 맞춤형 선물과도 같다. 물론 그럼에도 불구하고 단점을 보완하는 데는 상당한 시간이 걸릴 수밖에 없다.

부서 선배의 관점을 빌려서야 나는 내 기준의 '친절'이 어떤 선배들에게는 '주제넘음'으로 받아들여질 소지가 있다는 것을 알았다. 사람마다 기준이 다른 것이다. 그 후로는 선배들을 상대로 필요 이상의 자세한 설명은 하지 않게 됐다.

그날 같은 부서의 선배가 내게 베푼 것은 연민이었다. 연민이란 타인을 애처롭게 여긴다는 의미이지 상대를 깔보는 태도는 아니다. 타부서 선배의 경우, 표현은 거칠어도 나름의 방식으로 나의 사각지대를 지적해준 것이었다. 그 마음을 알게 되니 민망할 만큼 혼이 났는데도 기분이 나쁘지만은 않았다.

우리는 혼이 날 때 가장 많이 배운다. 그런데 나이가 들수록 혼이 날 기회가 줄어든다. 그때부터는 변하지 않으면 안 되는 상황에 이르러서야 더 아프게 현실을 직시하며 부족한 점을 받아들일 수밖에 없다. 관심과 애정을 갖고 지적을 해주는 선배들과 달리 삶은 인정사정을 봐주는 법이 없기 때문이다.

날이 갈수록 선배들에게 혼나던 시절이 그립다.

실제보다 불행하다고
착각하는 사람들

"뭐 해? 잠깐 나올래?"

어려운 일을 겪고 있는 친구에게서 전화가 왔다. 고민 때문일 것이다. 친구의 얼굴이 몇 주 사이에 해쓱해진 것으로 보아 상황이 점점 안 좋아지는 것 같았다.

"얼마 전에 ○○○를 만났는데…"

다른 친구의 근황을 서로 전하며 이야기는 한참을 빙빙 돌았다.

"할 이야기가 있어서 부른 거 아냐?"

친구는 어색하게 웃으며 "그냥 얼굴이나 보고 싶었다"고 했다.

친구는 머뭇대다 끝내 마음속 이야기를 털어놓지 못하고 일어섰다. 이유는 짐작이 간다. 한편으로는 힘든 사정과 고민을 털어놓으며 하소연하고 싶었을 것이다. 그러다 보면 위로도 되고 대화를 주고받는 과정에서 뭔가 묘안이 떠오를 수 있다. 하지만 다른 한편으로는 부끄러웠을 것이다. 시시콜콜 사정을 이야기하는 과정에서 숨기고 싶었던 부분까지 드러날 수 있다. 가까운 사람에게 치부를 들키는 일이 더 아픈 법이다.

우리가 느끼는 불행은 매우 주관적이다. 실제보다 더 불행하다고 느낄 때도 많다. 어떤 때는 남들이 보기에 별것 아닌 일에 혼자 신경을 곤두세운다. 오로지 자기 관점과 자기 입장에만 빠져 있기 때문에 핵심을 보지 못하고 빠져나올 수 없는 것이다.

한 친구가 내 책을 잘 읽었다며 전화를 걸어왔다.

"중간쯤에 나오는 ○○○ 이야기 있잖아. 그런 건 나한테 물어보지 그랬어. 내가 빠삭하잖아. 그런데 이렇게 지질한 스토리는 누구한테 듣고 쓴 거냐?"

웃음이 나오는 것을 참았다. "바로 너"라고 대답할 수는 없었다.

몇 걸음만 물러서서 바라보면 달리 보이는 게 우리들의 삶이다. 물론 물러나서 볼 수 있는 것도 능력이다. 책에서 읽은 내용이 자기 이야기인 줄 몰랐던 친구처럼(사생활 보호를 위해 이야기를 변형했기에 모를 수도 있지만) 어느 정도의 고통이나 불행도 시간이 흐르면 별것 아닌 일로 여겨질 수도 있다.

비극의 주인공들이 주변의 친구들에게 마음을 털어놓는 이유도 자기 문제에서 빠져 나와 객관적이고 여유로운 관점을 얻고 싶어서일 수 있다. 그가 미처 알지 못한 부분을 봐주는 것은 우리에게도 공부가 된다.

이러한 경험을 통해 우리는 비극들을 피해갈 수도 있다. 주위를 둘러보면 정말 그렇다. 부모의 운명을 대물림하는 이는 있어도 친구의 비극을 리바이벌하는 사람은 좀처럼 많지 않다.

3

불안과 두려움을
여유와 자신감으로
바꾸는 힘

목표를 이루는
가장 빠른 방법

함께 일하는 출판사 편집자가 새로운 도전을 시작했다. 학습지로 일본어 공부를 시작한 것이다. 일본 영화나 드라마를 자주 봐서 일본어에 대한 감이 약간 있는 정도였는데, 이번 기회에 제대로 배워보자는 생각에 학습지를 신청했다. 학원을 다녀도 좋았겠지만 잦은 야근과 빠듯한 마감 일정 때문에 엄두가 나지 않았다.

학습지는 원래 어린이용이지만 요즘은 학습지로 외국어를 배우는 성인들이 늘어나는 추세라고 한다. 흥미롭고 기발한 발상이다. 외국어를 배우는 입장에서는 어른이나 어린이나 크게 다를 바가 없으니 말이다.

편집자는 일주일에 한 번, 학습지 선생님께 수업을 받는다. 학원 수업처럼 깊이를 기대하기는 어렵지만 누군가 과정을 체크해준다는 생각만으로도 긴장감을 풀지 않을 수 있다. 혼자서 매일 꾸준히 공부한다는 것은 생각만큼 쉬운 일이 아니니까.

처음에는 아이들 교재로 공부한다는 게 부끄럽기도 했지만 혼자가 아닌 누군가의 도움을 받으며 공부를 하니 능률이 더 오르는 기분이라고 한다.

내가 아는 다른 여성은 다이어트를 결심하고 가장 먼저 직장 동료들에게 도움을 청했다. 식습관을 개선하기 위해서는 그들의 도움이 필요했기 때문이다. 혼자 생활한다면 다이어트에 좋은 음식을 가려 먹을 수 있지만 회사 생활을 하다 보면 매일 자기에게 맞는 식사를 하는 게 쉽지 않다. 그녀는 동료들의 협조를 통해 서로 무리하지 않는 선에서 건강한 식단을 지킬 수 있었다.

일부 여성 동료들은 다이어트 경과에 대해 관심을 가져주었고 일부는 변해가는 그녀의 모습을 보고 자극을 받아 다이어트에 동참하기도 했다. 운동을 같이 다니는 동료도 생겼다.

그녀는 동료들에게 목표를 알리고 과정을 공유하면서 과거 어느 때보다도 아름답고 매력적인 사람으로 변신하는 데 성공했다.

변화에 도움을 주는 친구가 있으면 변화를 방해하는 친구도 있기 마련이다.

내 친구 중에는 아내로부터 "피트니스 센터 하루만 빠지면 이혼"이라는 경고까지 받은 녀석이 있다. 과도한 업무량과 잦은 술자리 때문에 건강이 무너지자 그의 아내가 이대로는 큰일 날지 모른다는 위기감에 개인 트레이닝을 의뢰했다. 친구는 코치의 지도를 받아 체력에 맞는 운동을 시작했다.

한데 문제는 그의 술친구였다. 운동을 갈 시간이면 술친구로부터 딱 한 잔만 하자는 연락을 받았다. 몇 번은 거절했지만 매번 모질게 뿌리칠 수 없었다. 딱 한 잔은 2차로 이어졌고, 고주망태가 되는 날이 늘었다. 결국 아내가 참지 못하고 남편에게 최후통첩을 했다.

"나랑 살 건지 그 친구랑 술독에 빠져 살 건지 하나만 선택해."

패거리 문화에 젖어 있는 남성의 경우 가까운 이가 평소와 다른 결심을 하면 노골적으로 거부감을 드러낼 때가 적지 않다. 동료의 변화가 불안한 것이다. 술과 담배를 끊거나 운동을 하겠다고 결심하면 꼭 방해하는 친구들이 생기는 이유다.

　오랜 시간에 걸쳐 만들어진 습관이나 행동을 몇 번의 시도로
바꾸는 것은 쉽지 않다. 그러나 어려움에도 불구하고 시도조차
하지 않으면 변화는 더욱 멀어질 뿐이다. 타성에 빠진 일상에
서 벗어나 새로운 삶을 시작하는 동력은 굳은 결심과 독한 실
천에서 비롯된다.

　특히 긴 시간이 필요한 변화에는 동반자가 큰 힘이 된다. 변
화가 필요할 때 용기를 내어 누군가에게 도움을 청하고 서로에
게 힘이 되어주면 하루하루를 함께할 둘도 없는 친구까지 얻을
수 있다.

만나고 싶은 사람
피하고 싶은 사람

누구나 좋은 느낌을 주는 사람과 어울리고 싶어 한다. 그런 사람을 만나면 용기와 위로, 애정, 배려, 친절을 주고받으며 기쁨과 감동을 나눌 수 있다. 물론 사람마다 좋은 느낌을 주는 상대는 다를 것이다. 저마다 가치관과 성격, 취향이 다르기 때문이다. 반면 곁에 다가가기 싫은 사람도 있다.

"노란색 옷이 잘 어울리네요."

"그럼 다른 색 옷은 안 어울린단 말인가요?"

이런 사람은 어떤 말을 해도 부정적인 의미로 받아들이기 때문에 호의가 되레 민망해진다. 어쩌면 긍정적인 관심을 더욱 적극적으로 받고 싶어서 그러는지도 모른다.

　좋은 느낌을 주는 사람을 만나면 즐겁고, 불편한 사람을 만나면 종일 기분이 안 좋은 이유는 무언의 교감 때문이다. 굳이 많은 대화를 나누지 않아도 관계 사이에 생기는 호감이나 불쾌감이 전달되고 증폭되는 것이다.

　티격태격하는 친구들을 만나면 즐거운 것은 좀 다른 차원이다. 친구들은 서로를 웃음거리로 삼으면서도 각자의 고유한 면을 인정해주기 때문에 함께 있는 게 즐겁다. 서로 다른 부분을 인정하면서 상대의 본질적인 부분을 비판하거나 함부로 침범하지는 않는 것이다.

　내가 반드시 피하고 싶은 사람은 남의 일을 정해주기 좋아하는 사람이다.

　"내가 아는데 당신은 훨씬 스케일이 큰 글을 써야 해. 우리 민족이, 구한말과 비슷한 지금의 위기를 어떻게 헤쳐가야 할지 한 번 써보라고. 지도는 내가 해줄 테니까."

　얼마 전 나도 몰랐던 내 스케일을 아는 사람을 만났다가 몇 시간을 시달렸다. 그렇다고 구체적인 아이디어나 가이드라인을 제시해주는 것도 아니었다. "죽을 각오로 쓰면 된다"는 조언 정도였다. 그는 나를 완전히 간파하고 있으며 자신이 나보다 우월하다고 확신하는 것 같았다. 상대를 자기 밑으로 보고 자기 존재를 확인하고 싶은 것이다. 그런 우월감은 나약하고 불안한 자신을 지키려는 본능이기도 하다.

나는 성공한 인생이란 피하고 싶은 사람을 안 보고 사는 것이라고 생각한다. 사람에 아쉬움이 없다는 것이 바로 성공의 증거다. 좋은 느낌을 주는 사람을 만나는 것보다 피하고 싶은 사람을 안 보는 게 훨씬 어렵다. 굳이 피하는데도 자꾸 찾아와 들이대기 때문이다.

나는 그런 사람을 만나면 의식하지 못하도록 슬며시 떨어진다. 하지만 그런 사람일수록 거리를 두는 이에게 예민하다. 나는 더 멀찌감치 물러선다. 그러면서도 그가 잘되기를 바라는 마음이다. 그가 잘 풀려야 바빠져서 나를 떠올릴 여유가 없어질 테니 말이다.

가능성을 열어두는 사람이 좋다. 이를테면 아무리 친한 사이여도 여전히 상대에 대해 모르는 게 많다고 생각하는 사람 말이다. 정말로 가까운 사이라면 오히려 상대를 전부 알고 있다고 생각하기 어렵다. 위험하고 무례한 생각이라는 것을 알기 때문이다.

서로의 한계나 가능성을 제한하지 않고, 만날 때마다 '그사이에 새로워졌구나' 하고 느끼는 관계, 서로의 변화에서 영감을 받고 다음 만남을 기대하게 되는 관계라면 누구라도 경험하고 싶지 않을까.

물론 그러기 위해서 갖춰야 할 예의도 있다. 서로가 공감대를 형성하는 부분에서 충분히 사귀고, 상대가 잘하지 못하는 부분이나 어쩔 수 없이 안 맞는 부분을 억지로 바꾸려 해서는 안 된다.

여러 사람을 만나고 또 여러 사람을 피하는 과정에서, 사람들 사이의 복잡한 결들을 조금 더 잘 볼 수 있게 되었다. 사람이란 알면 알수록 간단치 않으며 그래서 더욱 쉽게 결론내서는 안 된다는 생각에 마음이 무거워진다.

자세가 자신감을
결정한다

나와 가장 친한 물건은 키보드다. 마감에 쫓길 때에는 아침부터 밤늦게까지 키보드를 끼고 산다. 모니터를 들여다보며 타자를 치느라 여념이 없다. 그런데 이런 생활을 오래 하다 보니 직업병이 생겼다. 몇 년 전에는 뒷목과 허리가 아파서 견디기 힘들 정도가 됐다. 아프다 보니 걸음걸이도 느려졌다. 심리적으로도 위축돼 극장이나 쇼핑몰처럼 사람이 많은 곳에 가면 식은땀이 났다.

지인의 소개로 찾아간 한의원에서 전신 거울로 내 옆모습을 보여주었다. 자세가 그토록 구부정해졌는지 몰랐다. 허리 디스크에 거북목이었다.

"효과가 확실한 침이 있는데 약간 아프긴 해요. 한번 맞아볼래요?"

확실한 효과만큼 통증이 엄청났다. 얼마나 아팠는지 침이 몸으로 들어올수록 저절로 반성의 말이 나올 지경이었다. 다시는 그런 고통을 느끼고 싶지 않았다.

침과 뜸, 부항의 힘을 빌려가며 꼿꼿하게 허리 펴는 연습을 했다. 상태가 호전되자 작업 환경을 개선했다. 모니터 위치를 높이고 바른 자세에서 편하게 일할 수 있도록 아이디어를 냈다. 자세에 좋지 않은 노트북 컴퓨터는 가급적 사용하지 않기로 했다. 자세가 얼마나 중요한지를 아파보고 나서야 확실히 알았다.

자세가 안 좋으면 몸이 아프고, 몸이 아프면 마음이 위축된다. 나의 몸 때문에 뭔가를 하지 못한다는 생각은 열등감으로 이어질 수도 있다. 몸이 성격과 생활에까지 깊은 영향을 주는 것이다. 그래서 자세는 우리가 생각하는 것 이상으로 중요하다.

하버드경영대학원 에이미 커디 교수는 자세와 관련된 실험에서, 한 그룹은 2분 동안 꼿꼿하고 바른 자세를 유지하게 하고 다른 그룹은 2분 동안 구부정하고 웅크린 자세를 유지하게 했다.

그 결과, 꼿꼿하고 바른 자세를 한 그룹은 스트레스 지수가 떨어지고 자신감이 높아진 반면 구부정한 자세를 취한 그룹은 스트레스가 올라가고 자신감이 떨어졌다. 단지 2분간 특정 자세를 취했을 뿐인데 심리적인 변화까지 생긴 것이다. 자세가 자신감과 얼마나 밀접하게 관련되었는지 보여주는 실험이었다.

스스로 자신감이 부족한 것 같다면 일단 자세부터 바르게 해보는 것은 어떨까. 거울 앞에 서서 자세를 확인한다. 어깨를 당당하게 펴고 머리를 바로 세운다. 뒤로 빠져 있는 엉덩이에는 힘을 준다. 자신의 몸을 꼼꼼하게 관찰하다 보면 바른 자세를 취하는 게 의외로 쉽지 않다는 것을 알게 될 것이다.

좋은 자세는 사람을 당당하게 만든다. 자신감 있는 자세에 꾸준한 운동까지 결합되면 없던 매력까지 생기게 된다. 지금 당장 허리를 곧게 세워보자.

자신감을
의심해야 할 때

연말의 승진을 기대하는 친구
가 있었다. 팀 실적이 3년째 1위를 달리고 있었고, 이듬해 사업
계획도 안정적이었다.

누구나 일에 익숙해져 실력을 발휘할 시기가 오면 자신감을
갖게 된다. 자신감 그 자체는 나쁜 것이 아니다. 다만 자신감이
도를 지나치면 이야기가 달라진다. '나 외에는 적임자가 없을
걸' '내가 빠지면 업무가 마비될 거야' 같은 자만이 일을 망치기
도 한다.

친구는 자신 있게 사업계획서를 제출하고 걱정 없이 회의에 들어갔다가 생각지 못한 공격을 당했다. 다른 팀의 팀장이 그의 계획서에서 문제점을 발견해 조목조목 지적하고 나선 것이었다. 그 팀장은 경쟁자이지만 가장 친한 대학 후배이기도 했다. 발표 내용을 먼저 보여주기까지 했는데 그게 부메랑으로 돌아와 뒤통수를 친 셈이었다.

친구는 사업계획서를 다시 작성해야 했고 그사이에 인사가 결정됐다. 후배가 부서장 승진을 가로챈 것은 아니었다. 상사들을 어떻게 설득했는지 실력 있는 멤버로 별도의 조직을 만들어 팀장을 맡았다. 선배를 앞지를 발판을 만든 것이다.

후배의 행동이 '야비한 짓'인지 아니면 '기회를 살린 선택'인지는 어떤 관점으로 보느냐에 달려 있다. 회사는 기본적으로 비정한 경쟁 사회이지만 한편으로는 동료애와 신의를 소중히 여기는 이중적인 속성을 가지고 있기 때문이다.

어쨌든 그간의 성공에 자만한 친구는 후배를 얕본 나머지 섣부르게 약점을 드러냈고, 후배는 언젠가 경쟁에서 만날 선배를 앞지를 절호의 찬스를 잡았다.

기량 이상으로 열심히 일해온 사람이나 치열한 경쟁에서 이겨온 사람일수록 '해보니 별것 아니네'라는 생각이 들기 시작하면 자신감에 취하기 쉽다. 하지만 자신의 방식이 늘 성공하리라는 법은 없다. 자만심에 가린 허점은 경쟁자가 제일 먼저 알아챈다. 게다가 신기하게도 자만의 아우라는 쉬이 주변에 전해지기 마련이다.

친구는 후배에게 빌미를 제공한 뒤 정신을 바짝 차리고 실수를 만회하고 있지만 아직까지도 약간 밀리고 있다고 한다.

어려운 말이지만, 자신감을 가지면서도 동시에 자신감을 갖지 않는 태도가 필요하다. 나에 대한 자신감은 갖되 일이라는 것은 내 능력만으로 이루어질 수 없으며 언제든 변수가 튀어나올 수 있음을 알아야 한다.

자신감의 환상에서 벗어나야 현실의 민낯을 인식할 수 있다. 내가 없어도 조직은 별 문제 없이 돌아간다는 냉정한 현실을 받아들일 필요가 있다. 이 세상에 확신할 수 있는 일이 얼마나 되겠는가. 자신에 대한 믿음과 의심 사이를 오가며 균형 있는 줄타기를 할 때 불확실한 상황을 조금 더 면밀하게 살펴볼 수 있다.

안정적일 때
모험을 준비하라

정형화된 삶은 대개 안정적이다. 하지만 안정 속에 머물다 보면 답답하고 재미가 없다. 큰 보상이 주어질 기회도 적다. 반면 모험은 매력적이다. 막연하기에 큰 꿈을 꿔볼 수 있다. 하지만 위험 부담이 크다. 그래서 선택은 언제나 딜레마다.

한 편집자가 프리랜서를 선언했다. 계속 회사를 다니는 게 어떻겠냐는 조언도 있었지만 혼자 일하면서 업무와 생활의 조화를 이루고 싶었다. 나름대로는 일종의 모험이었다.

그러나 프리랜서의 생활은 생각과 달랐다. 업계 선후배들에게 쌓아둔 평판이 있어 일감은 확보할 수 있었으나 대부분이 완성도는 떨어지고 마감 일정이 급한 일들이었다. 생각해보면 당연했다. 중요한 원고, 일정이 여유 있는 일이라면 내부에서 처리하지 굳이 프리랜서에게 맡길 필요가 없었다.

오히려 회사를 다닐 때보다 일은 많았고 벌이는 적었다. 질이 떨어지는 일을 도맡아 하다 보니 의욕도 떨어졌다. 많던 회의와 행정 업무를 병행하며 회사에 다닐 때보다 치이는 일이 더 많았다.

혼자서 즐겁게 작업하겠다는 것은 한낱 꿈이었다. 오히려 회사 안에서 협업자들과 다양한 의견을 나누고 검증받으면서 적당한 품질의 원고를 보는 편이 훨씬 나았다. 누구의 간섭도 받지 않고 자신의 하루를 스스로 계획하며 자율적으로 산다는 것은 생각보다 어려운 일이었다.

그녀는 몇 개월간의 프리랜서 생활을 정리한 후 회사에 재입사 의사를 보였다. 회사에서도 흔쾌히 그를 받아주었다. 안정에서 모험을 찾아 떠났다가 다시 안정된 공간으로 돌아온 셈이다.

적지 않은 직장인이 독립과 모험을 꿈꾸지만 알고 보면 안정적인 조직 생활이 적성인 사람이 훨씬 많다. 대부분은 체계가 잘 잡혀진 곳에서 능력을 제대로 발휘한다. 프리랜서는 자기 절제를 거듭하며 매일 불안을 견뎌야 한다. 능력을 발휘하는 것은 그다음 문제다. 물론 프리랜서가 성향에 잘 맞는 사람도 있을 것이다.

나도 게으름에 여러 번 지면서도 프리랜서 생활을 겨우 이어가고 있다. 그런데 예전 직장 동료들을 만나면 이런 말을 자주 듣는다.

"책도 여러 권 냈는데 아예 출판사를 직접 차릴 생각은 없어? 인세 수입보다 그편이 훨씬 나을 것 아냐?"

출판사를 차리면 프리랜서가 아닌 사장이 된다. 1인 출판사도 있다지만, 나는 출판 주요 업무를 다 알지 못해 마케터도 필요하고 편집자도 있어야 한다. 그래서 회사를 차린다는 것은 엄두가 나질 않는다. 나 자신의 게으름과도 싸우기 힘든데 다른 직원들까지 관리해야 한다니 생각만 해도 자신이 없다.

책 쓰는 노하우를 가지고 있고 몇몇 유명 저자를 섭외할 수 있다고 해도 성공을 장담할 수는 없다. 무엇보다 내가 감당할 수 있는 수준의 모험이 아니다. 나는 결국 나의 일, 나의 생활만큼을 감당하는 것이 최선이라는 결론을 내렸다. 자신의 한계를 알면 안정까지는 몰라도 큰 위험은 피할 수 있다.

안정을 추구한다면 지금 다니는 회사에서 정년을 맞겠다는 각오로 차근차근 경력을 쌓는 것도 방법이다. 하지만 회사가 그때까지 나를 써줄지는 아무도 모른다. 안정 속에서도 치열한 모험은 피할 수 없다.

15년 이상 직장에 다닌다면 실무보다는 관리 업무를 맡게 된다. 실력을 발휘할 기회는 줄고 회의 진행이나 후배들 근태 관리에 익숙해진다. 현업에서 날리던 실력자라도 관리 업무로 평가받게 되는 셈이다. 경쟁에서 밀리지 않기 위해서는 후배들에게 성과를 내라고 압박해야 한다. 그래서 존경받던 선배가 관리자가 된 뒤로는 후배들의 기피 대상이 되기도 한다.

우리는 언제나 안정을 추구하지만 영원한 안정은 없다. 모험 또한 인생의 한 부분이기 때문이다.

그렇다면 회사를 나온 이후 인생을 안정적으로 이끌어가려면 어떤 준비를 해야 할까.

먼저 담당하고 있는 분야의 프로로 인정받아야 한다. 기획이든, 영업이든, 마케팅이든, 개발이든, 프로가 되면 자기의 이름이 곧 브랜드가 되므로 인정받으면 어떤 형태로도 살아갈 수 있다. 동시에 평판도 차근차근 쌓아야 한다. 성실하고 일을 잘하는 사람이라는 평판을 얻었다면 독립 이후에도 나를 찾아주는 사람들이 끊이지 않을 것이다.

안정은 안정적일 때 준비해야 한다. 그러면 갑작스럽게 모험할 일이 생겨도 당황하지 않고 넘길 수 있다. 잘 살아온 대가다. 나는 위험을 감수하고 얻은 어떠한 보상보다도 차근차근 안정을 준비하는 삶이 더 큰 보람이자 긍지라고 생각한다.

나는 아이를
낳고 싶지 않았다

나는 원래 아이를 갖고 싶지 않았다. 날로 격화되는 경쟁 속을 살아가야 할 아이의 인생이 얼마나 힘겹고 고단할지 눈에 선했기 때문이었다. 비관론자인 나는 이런 세상이라면 차라리 태어나지 않는 게 나을 거라 생각했다. 그러나 부모님을 포함한 주변의 참견과 압력을 꿋꿋하게 버텨내기에 나의 맷집은 형편없이 약했다.

그 결과, 나를 빼닮은 소심하고 겁 많은 아들놈이 태어났다. 당시 사업이 망하는 바람에 안타깝게도 남들이 다 보내는 어린

이 집마저 여력이 없어 보내지 못했다. 녀석은 집에서 엄마와 지내다가 유치원만 간신히 1년을 다녔는데 사회생활을 일찍 시작해 눈치가 이미 9단인 아이들 사이에서 괴롭힘을 당했다.

결혼한 지 얼마 안 된 후배들이 "아이를 가지면 뭐가 좋냐"고 물을 때가 있다. 콕 짚어 답하기는 어렵다. 다만 한 가지, 아이로 인해 인생의 쓴맛과 단맛을 제대로 보는 것만은 확실하다. 아이에게 생기는 일은 기쁨도, 슬픔도, 미움도, 분노도 내가 겪는 일의 몇 배로 증폭돼 다가온다.

못난 아들을 지켜보면서 속이 타들어갈 때가 한두 번이 아니었다. 어쩌다 저런 바보 같은 녀석을 낳은 것인지…. 솔직히 말하면 나의 어린 시절과 비슷했기 때문에 더 아프고 화가 났다.

우리는 어쩌면 아이를 통해 인생을 두 번 사는 것인지도 모른다. 아이를 키운다는 것은 또 한 번의 기회를 통해 삶을 돌아보는 진정한 성인식 같기도 하다. 아이를 보며 내가 겪었던 어린 시절과 성장기의 아픔을 다시 체험했다. 그러면서 그때 미처 알지 못했던 인생이 내게 전해주는 교훈을 되새겼다. 그렇게 부모는 아이를 키우며 어른이 된다.

어른이 된다는 것은 '어쩔 수 없음'을 받아들이는 과정인지도 모르겠다. 나 역시 '어쩔 수 없음'을 받아들이고서야 소심하고 유약한 아들에게서 장점을 발견할 수 있었다. 녀석은 바보 같은 대신 감성이 풍부했다. 감성이 풍부하다는 것은 남자아이에게서 보기 드문 장점이다. 소심하지만 그렇기에 조심성이 많다. 사고를 쳐서 감당이 안 되는 아들들에 비하면 녀석을 키우는 게 한편으로는 수월했던 것도 같다.

나는 어쩌다 보니 아버지가 되었다. 그래서 아버지다움이 따로 정해져 있다는 생각은 하지 않는다. 시험을 통해 수백 대 일의 경쟁률을 뚫고 아빠라는 자격을 딴 게 아니기에 폼을 잡을 필요도 없다. 그래서 아들에게 허세를 부리지 않는다. 어떤 면에서는 나 역시 아이와 크게 다르지 않다. 특히나 삶의 불확실성 앞에서는 자신이 없다. 그저 오늘을 살아갈 뿐이다.

돌이든 보석이든 모두에게 나름의 가치와 인생이 있다. 각자의 몫에 충실하게 살면 되는 것이다. 아이의 삶에 의미를 부여할 수 있는 이는 아이 자신밖에 없다. 어디서 무엇을 하든 살아갈 이유와 목적, 나만의 무언가를 가질 수 있다면 행복할 준비를 마친 셈이다.

한 블로그에서 재미있는 동영상을 보았다. 만화 전문 출판사를 배경으로 한 '중판출래'라는 일본 드라마였다. '중판출래'란 책의 초판이 모두 팔려 추가 인쇄에 들어간다는 의미의 일본 용어다. 우리나라에서는 '중쇄(증쇄)'라고 한다.

드라마에 등장하는 청년은 아르바이트 시간 외에는 그림 그리는 것에만 전념하며 만화가의 꿈을 키운다. 어떻게 저처럼 간절할 수 있을까 싶을 정도다. 하지만 번번이 그림 실력이 형편없다는 이유로 퇴짜를 맞는다. 그때 그를 알아봐주는 신출내기 편집자가 등장하고, 이후로 청년과 편집자의 성장 스토리가 펼쳐진다.

청년은 예측할 수 없는 성격과 반응으로 사람들과 사사건건 부딪힌다. 어린 시절 부모로부터 학대받았던 트라우마 때문에 자신을 자기만의 세계에 가둔 결과다. 하지만 그는 온몸을 던져 그 세계를 깨고 나와 각광받는 만화가로 성장한다.

그는 만화 잡지에 연재가 결정되었다는 전화를 받고 펑펑 울면서 이렇게 말한다.

"살아 있어서 다행이야…. 태어나길 잘했어."

이 글을 쓰면서 나도 그렇게 생각한다. 살아 있어서 다행이다. 태어나길 잘했다.

아이를 키우며 나의 비관론도 어른스럽게 진화했다. '이런 세상이라면 차라리 안 태어나는 게 낫다'에서 이제는 '아이 또한 자기 몫의 인생을 걸머지고 앞으로 나아가야 한다'는 생각으로 말이다.

인생에는 단맛보다 짠맛, 매운맛, 쓴맛이 강할지 모르지만 그럼에도 불구하고 아이는 오늘을 살아가며 미래를 향해 나아가야 한다. 언젠가 아이도 '태어나길 잘했어'라는 생각을 할 때가 있기를 바란다.

만날수록
좋은 사람

　　　　　　　　　우리는 흔히 잘생기거나 재미
있는 사람을 매력적이라고 표현한다. 그러나 한눈에 드러나지
않는 매력도 있다. 성실함이나 인내, 꼼꼼함 같은 품성이 그렇
다. 이런 품성은 시간을 갖고 지켜봐야 진가를 알 수 있다.

　가장 매력적인 품성은 타인의 다름을 견디며 이해하는 교양
과 배려라고 생각한다. 성실하게 배워온 것을 체화하는 사람
은 작은 현상 하나도 그냥 넘어가지 않는다. 그것에서 배울 점
을 찾고, 누구에게나 배울 점이 있다는 겸손한 자세를 가진다.

자연스럽고 따뜻한 태도로 다른 이의 말에 귀 기울이고 배려할
줄 안다.

누군가를 만나고 난 후 하루의 색채가 왠지 모르게 바뀌었다
면 그때는 알아채지 못했던 그의 독특한 매력 때문일 수 있다.

나는 왜 그 이야기가
듣기 싫을까

　　　　　　　　　　　술자리에서 남자들이 나라꼴
이 어쩌니 하며 목소리를 높일 때마다 우리 정치가 제 몫을 하
는 분야가 그나마 하나라도 있어 다행이라는 생각이 든다. 정
치가 그 모든 잘못과 불행의 근원으로 지목되어 욕을 먹어주고
있으니 정치도 저 나름으로는 고생이 많은 것이다.

　희망은커녕 배신감만 번번이 안겨주는 정치도 그렇지만 우리
가 일상에서 느끼는 불행 가운데 어떤 부분은 가정에서 비롯되
는 게 사실이다. 우리는 체제나 제도보다 가까이서 피부를 맞

대고 사는 사람들 때문에 더 자주 화내고 가슴 아파한다. 불합리한 사회와 막장 정치도 우리를 짜증 나게 하지만 그것들이 한편으로는 생각하기도 싫은 가정 문제를 덮어주는 가림막이 되기도 한다. 소중한 가정을 대신해 미워할 상대가 있으니 한편으로는 다행일지 모른다.

예전부터 남자들은 집안 문제를 피해 언제나 일과 회사로 달아났다. 나도 한때는 일을 열심히 하면 가장의 역할을 다 하는 거라 믿었다. 좋은 실적을 내서 승진하고 소득도 는다면 그 이상 좋은 일이 어디 있겠는가.

그런데 집에만 오면 무슨 문제가 그렇게도 자주 생기는지…. 화가 난 아내에게 이유를 물어도 돌아오는 것은 종잡을 수 없는 감정의 연쇄 반응이었다. 내가 해결할 수 없는 일들에 둘러싸이자 새로운 문제가 불거지면 곧바로 짜증부터 났다. 그러다 아예 회피하게 되었고 결국에는 생각을 떠올리는 것마저 피곤해졌다.

남자들 대부분은 가족의 감정을 돌보는 데 서툴다. 배운 적이 없기 때문이다. 시대가 많이 변했다고는 하지만 이런 경향을 옛날이야기로만 치부할 수는 없을 것이다. 최근 몇 년 사이 결혼한 남자 후배 중에도 '귀가 거부증'이 의심되는 이들이 꽤 있기 때문이다.

그들은 회사 일이 끝나도 바로 퇴근하지 않고 끼리끼리 모여 술집으로 향한다. 아내와 아이가 잠들고 난 한밤중에야 현관문을 열고 들어가며 편안함을 느낀다. 그러다가 시간이 훌쩍 흐른 후 아내와 아이에게서 거리감을 느낀다며 실의에 빠지고, 선배들이 앞서 경험한 대로 그 원인을 자신의 무능력에서 찾으려 들 것이다. 돈을 못 벌기 때문에 무시당한다고.

하지만 진짜 이유는 돈이나 능력 때문이 아닌 정서적 공감대를 이루지 못해서다. 너무 늦기 전에 이를 깨닫고 거리감을 좁히려는 노력을 기울인다면 상황을 바꿀 수 있다. 멀리 갈 것도 없이 내가 그 경험자다.

몇 번의 전직과 실패를 겪으며 집에서 많은 시간을 보낼 때였다. 주말에도 별로 있어본 적이 없는 집에서 매일 그것도 하루 종일 지내다 보니 뭘 어떻게 해야 할지 몰랐고 모든 게 어색하기만 했다. 출근도 하지 않는데 눈은 새벽에 떠졌고 몇 종류의 신문을 샅샅이 읽어도 오전 9시가 안 된 시간이었다.

그러다가 생각하기도 싫었던 집안 문제와 어쩔 수 없이 마주하게 되었다. 아내가 하루 종일 어떻게 지내며, 누구로부터 어떤 전화를 받고 무슨 이야기를 하는지, 왜 스트레스를 받는지 낱낱이 지켜봤다. 전업주부 아내에게도 여러 가지 일들이 끊임없이 생기고 있었다.

곁에서 살펴본 후에야 내가 짜증 내고 도망치기 바빴던 문제들이 생각처럼 두려운 대상은 아니라는 것을 알게 됐다. 그걸 깨닫자 집에서 지내는 게 차츰 편해졌다.

황혼 이혼의 비중이 높아지는 추세다. 일과 회사로 도망갔던 남편들도 끝까지 가정 문제를 외면할 수 없다. 열심히 일해 성공을 거둬도 언젠가 회사를 떠나야 한다. 이는 더 이상 도망갈 데가 없다는 뜻이다. 은퇴를 하면 그간의 노고를 식구들이 이해해줄 거라고 기대하겠지만 평소 가족들과 좋은 시간을 보내지 않았다면 가족의 시선은 싸늘할 뿐이다.

엘리트 남성일수록 자신이 소중하게 여기는 가치, 비즈니스나 공부, 인맥 쌓기와 같은 것들을 우선순위로 꼽기 쉽다. 반면 집안일이나 가족 문제는 아내가 알아서 잘 처리할 거라고 생각한다. 가끔 아내에게 "별일 없지?" 하고 묻는 것으로 가장의 역할을 다 하고 있다고 믿는다. 그러면서 정작 가족이 대화를 원할 때는 건성으로 듣거나 엉뚱한 쪽으로 서둘러 결론을 낸다.

집안 분위기를 바꾸는 첫 단추는 이런 대화에 변화를 주는 것이다. 첫 단추를 잘 꿰면 나머지는 어렵지 않다. 가정마다 처한 상황과 개개인의 성향은 다를지 몰라도 답은 하나다. 문제의 본질, 이해관계, 잘잘못 등은 나중 문제인 것이다.

나의 경험상 첫 단추는 아내의 생각과 감정을 포용하는 것이었다. 아내의 입장에서 '그럴 수 있겠구나' 하고 맞장구치며 이해하는 게 두 번째 단추였다. 세 번째는 내가 문제를 해결해주겠다는 자세가 아닌 그저 귀를 기울이겠다는 생각으로 이야기가 끝날 때까지 충분히 기다려주는 것이었다.

이렇게 세 개의 단추를 채우는 데 익숙해지면 시간이 알아서 문제를 해결해줬다. 애초에 해결책을 놓고 끙끙 앓을 필요가 없었다. 대개는 의지와 노력만으로 해결하기 어려운 일들이었다.

이런 태도가 가족에게만 필요한 것은 아니다. 풀기 어려운 오해나 갈등을 겪고 있는 동료 관계도 마찬가지였다. 결국 관계의 문제를 풀기 위한 바람직한 태도는 어디에서나 마찬가지였다.

적지 않은 남성들이 일상의 어떤 부분이 왜곡돼 있음을 느끼면서도 그 본질을 들여다보려고 하지 않는다. 특히 가정 문제의 경우, 수면 아래의 갈등과 불만을 읽어내지 못하고 미루기만 하다가 걷잡을 수 없는 상황으로 치달은 뒤에야 후회한다.

남자들이 정치를 주제로 핏대 올리는 에너지를 5퍼센트만 가정에 나눠주어도 매일 아슬아슬한 집안 문제들을 어렵지 않게 진정시킬 수 있을 것이다. 이런 주의와 관심은 그 무엇과도 비교할 수 없는 중요한 일이다. 왜냐하면 지친 몸을 이끌고 돌아와 의지할 수 있는 최후의 안식처는 소중한 가정뿐이니 말이다.

나이를 먹어서도 이 점을 깨닫지 못한다면 책임 의식을 가진 어른이라고 자부할 수 없다. 더 좋은 나라를 만들기 위한 고민과 실천 또한 내 가정부터 지켜내는 책임 의식의 연장이어야 비로소 건강할 수 있다.

하지 말아야 할 이유를
찾는 것은 아닌가

소심함을 감추기 위해 까칠함으로 나를 포장한 적이 있다. 냉소주의자의 가면을 쓰고 첫인상을 강렬하게 주기 위함이었다. 소심함과 냉소주의는 은근히 통하는 면이 있다. 한때는 까칠하고 비딱한 태도를 일종의 우월감이나 자부심으로 착각하기도 했다. 그런 나로 인해 기분이 상한 사람도 있었을 것이다.

냉소적이었던 나는 매사에 "상황이 이런데 노력해야 쓸데없다"는 말을 자주 했다. 어린 시절의 자포자기 습성이 되살아난 것이었다. 웬만한 것들은 환경이나 상황을 탓했다. 그러면서 아무것도 하지 않을 구실을 만들었다. 멀리서 완벽한 기회를 찾으려 했다. 이 또한 할 일을 미루고 시간을 끌기 위한 핑계였다. 그런데 기회는 대부분 가까운 곳에 이미 와 있었다.

지인 중 하나는 북 카페를 창업할 장소를 알아보기 위해 보름 넘게 발품을 팔던 중이었다. 어느 날, 허탕을 치고 돌아오던 중 아파트 앞 상가의 조건이 딱 맞는 가게에 '임대' 안내가 붙어 있는 것을 보았다. 멀리서만 찾느라 가까운 곳을 보지 못한 것이다.

생각도 마찬가지다. 나만의 틀에서 벗어나 주변으로 눈을 돌리면 곳곳에서 새로운 아이디어들을 찾을 수 있다.

냉소주의의 가면을 벗고서야 보는 눈이 달라졌다. 세련된 깨달음은 고상한 인문 서적에서나 얻는 것이라고 믿어왔는데, 아무 기대 없이 읽은 동네 소식지의 칼럼에서 깊은 통찰력을 발견하는 경우도 있었다. 갇혀 있던 시야에서 벗어나면 더 넓고 깊게 볼 수 있다.

시야가 넓어질수록 삶은 풍요로워진다. 관건은 문을 얼마나 여느냐. 이는 포용력의 문제이기도 하다. 나는 낯선 아이디어를 들었을 때 나의 반응을 가늠하면서 포용력의 범위를 확인한다.

대부분의 사람은 낯선 생각을 접하면 처음에는 당황스러워한다. 그런 후에 서서히 반응이 갈린다. 어떤 이는 호기심에 끌려 더욱 자세히 알고 싶어 한다. 또 어떤 이는 들은 내용을 되뇌며 의심 속을 헤맨다. 반면 어떤 이는 저항감과 분노를 느낀다.

저항감과 분노는 변화를 무릅쓸 용기가 없을 때 생긴다. 내가 "상황이 이런데 노력해야 쓸데없다"고, 아무것도 안 할 구실을 만들 때와 유사한 맥락이다.

용기를 잃었을 때의 우리는 냉소주의의 뒤로 숨어 자신을 합리화한다. 이럴 때는 차라리 일상의 방식이 아닌 의외의 행동으로 돌파구를 만드는 것도 방법이다.

나는 글이 풀리지 않을 때, 모니터 앞을 지키는 스타일이었다. 그런데 어느 날, 그렇게 하염없이 기다릴 필요가 없다는 사실을 깨달았다. 차라리 몸을 움직여 새로운 기운을 얻으면 생각이 뒤늦게 깨어나 따라올 때가 있었다.

내가 이 책을 쓰면서 시도해본 일만 해도 몇 가지는 된다. 지하철 2호선을 타고 한 바퀴 돌면서 스마트폰을 안 보는 사람들은 주로 무엇을 하는지 관찰했다. 점심시간에 혼자 식당에 가서 고기를 구워 먹기도 했다. 그토록 싫어하는 정장을 입고 외출도 해보았다. 역시 싫었다.

의외의 행동 그 자체가 효과를 즉각 발휘해 시야를 트이게 해주거나 낯선 영감을 불러일으켜주는 것은 아니다. 그런 시도를 통해 얻은 것은 단순하고도 활기찬 느낌이었다. 내가 살아 있으며 무언가를 시도하고 있다는 느낌. 그런 느낌이 멈춰 있던 의지에 시동을 걸어주었고 꽉 막혔던 생각에 숨통을 터주었다. 생각해보니 정장을 걸쳤던 끔찍함도 그런대로 도움이 되었다.

그럼에도 딜레마에 빠지는 일은 여전하다. 다만 선택의 속도는 예전보다 빨라졌다.

'상황을 탓하며 아무것도 하지 않을 것인가 아니면 그럴수록 뭐라도 해볼 것인가.'

세상을 바꾸는 것은 결국 행동이다. 나를 바꾸고 동료와 힘을 모으고 더 나은 세상을 만들어가는 것.

세상 어디에도 냉소주의자의 동상은 없다.

아는 척하지 않을 때
얻는 세 가지

많이 안다고 생각했을 때는 거침없이 아는 척하고 다녔다. 그런데 알아갈수록 아는 게 없다는 생각이 드니 나의 부족함을 인정할 수밖에 없어진다. 모르면 물어보면 되는 것이다. "그게 뭔데요?"

아는 척하지 않을 때 얻는 세 가지 이득이 있다.

하나는 모르는 것을 물어봄으로써 알 기회를 얻게 된다는 점이다. 고급 식당의 좁은 원형 테이블에 앉았다가 실수를 한 적이 있다. 왼손으로 물 잔을 집었는데 내 잔이 아니었다. 왼편에 앉은 분이 "저도 자주 헷갈리는데 왼쪽이 빵이고 오른쪽이 물이랍니다" 하고 웃으며 가르쳐주었다. 불편하지 않게 일깨워주는 세련된 매너에 좋은 인상을 받았다.

두 번째는 상대에게 즐거움을 선사할 기회를 줄 수 있다. 우리는 대부분 남들에게 친절을 베풀 때 보람을 느낀다. 그러니 나의 무지를 아낌없이 드러낼수록 사람들에게 보람을 느낄 기회를 주는 것이다.

세 번째는 아는 척하지 않을수록 사람들이 관대하다는 점을 알게 된다는 것이다. 특히 교양 있는 사람일수록 다른 사람의 용감한 무식이나 얕은 경험을 함부로 보지 않는다. 교양이란 사람마다 차이가 있음을 인정하는 태도이기 때문이다.

내게는 15년 된 모임이 있는데 공통점이 거의 없는 사람들이 한 달에 한 번씩 모여 식사를 하며 대화를 나눈다. 경영과 무역, 문화예술, 의료, 법률, 정치, 가십에 이르기까지 다양한 주제의 이야기가 쏟아진다. 어쩌다 만들어진 모임이지만 오랫동안 만남이 이어지고 있다. 왜 그런가 생각해보니 역시 '부족함'을 타박하지 않고 자연스럽게 받아주기 때문인 것 같다. 무례는 곤란하지만 무식은 용서가 되는 것이다. 모르면 모른다고 용기 있게 말하자. 그러면 몰랐던 사실을 알게 되는 것은 물론 친절한 사람을 만날 기회도 얻는다.

어느새 부모님을
닮아 있다

모 대학원 최고경영자 과정에
서 강연을 마친 후 질문을 받았다. 한 여성이 손을 들었다.

"말씀 중에 '나를 돌아본다'는 표현을 많이 하셨는데요, '나를
돌아본다'는 건 구체적으로 어떤 행동을 말하는 건가요?"

질문을 듣고 당황스러웠다. 이미 모두 알고 있다고 전제한
부분을 물어볼 거라고는 예상하지 못한 것이다. 나는 "일기를
쓰며 하루를 반성하거나 명상에 잠기는 것도 자신을 돌아보는
것"이라는 하나마나한 대답을 하고 말았다.

질문을 한 여성은 고개를 끄덕였으나 '그런 걸 몰라서 질문했겠어?' 하는 표정이었다. 그보다 더 마음에 와 닿는 이야기를 듣고 싶었을 것이다.

몇 주 후에 친구들과 저녁을 먹다가 '대물림'이라는 주제로 이야기하게 됐다. 한 친구가 "아들이 책을 너무 안 봐서 큰일"이라며 운을 뗐다. 친구도 독서를 하지 않는 게 콤플렉스였다. 책을 읽지 않으니 사람들과 어울릴 때 공감대 형성이 안 된다는 것이었다. 그러면서 아버지를 탓했다.

"아버지가 일생에 책 한 권 안 보는 분이셨으니 그 성향이 아들에 손자에게까지 전부 대물림된 것 아니겠어?"

부모의 부족한 점을 핑계로 삼고, 자기가 노력하지 않은 부분은 쏙 빼서 책임에서 빠져나가려 들다니… 인생의 중반을 달려가는 나이인데도 그런 생각을 한다는 게 신기했다.

어린 시절, 부모의 존재는 일종의 성역과 같아서 감히 따져볼 생각을 하지 못했다. 그러나 나이를 먹으며 나보다 인생을 먼저 산 선배로서의 부모님의 궤적을 살펴볼 수 있었다. 자라며 지켜봤던 기억을 통해 그들의 삶을 지금 내 삶에 비춰볼 수 있는 것이다.

지금 나에게 "나를 돌아본다는 게 어떤 것이냐"고 질문한다면 이렇게 답하고 싶다.

"예를 들면 부모님의 좋았던 점과 싫었던 점을 떠올려보고 그와 비교할 때 나의 모습은 어떤지 돌아보는 것이죠. 부모님의 장점을 물려받았다면 감사한 일이고, 싫었던 점을 물려받았다면 다르게 살기 위해 하루하루를 다르게 채워보는 겁니다. 그런 노력이 쌓여 부모님보다 나은 인생을 산다면 보람 있는 일이죠."

친구들을 보면 정말로 그렇다. 어떤 친구는 바람둥이 아버지처럼 살고 싶지 않아 일찌감치 패밀리맨이 되었고, 다른 친구는 사업으로 주변에 피해를 입힌 아버지를 내내 미워하면서도 허황된 꿈을 좇아 이것저것 손을 댔다가 실패하기를 반복했다.

심리학자 아들러의 말대로, 과거를 규정하는 것은 지금이지만 지금은 과거의 연장선이기도 하다. 누구도 어린 시절에 보고 배운 것으로부터 완전히 자유로울 수는 없다. 다만 보고 배운 대로 따를지, 선을 긋고 다른 길을 갈 것인지는 자기 의지로 선택할 수 있다.

'이상적인 가정'이란 현실에서 존재하지 않을 수도 있다. 어느 가족이든 부족한 부분은 있기 마련이고 그것을 채워가기 위해 각자 다른 노력을 하며 살아가는 것이다.

　나도 어릴 적에는 아버지를 꽤나 원망했다. TV를 볼 자유가 없던 것부터가 불만이었다. 주변 모든 아버지들을 통틀어 '가장 재미없는 아버지'라는 점도 그랬다. 게다가 어찌나 구두쇠인지 특별한 날이 아니고는 짜장면도 구경할 수 없었다. 그런 아버지를 보면서 '나는 절대로 아버지 같은 아버지는 되지 않을 거야'라고 수없이 다짐했다.

　그러나 아버지가 된 나는 스스로 인식하지 못하는 사이에 아버지를 닮아 있다. TV를 거의 안 본다는 점은 확실히 그렇다. 다만 내 아이가 어린 시절의 나와는 달리 TV에 관심이 없어 분란의 소지가 되지 않을 뿐이다. 아버지의 '재미없음'은 덜 닮아 다행이다. 게다가 나는 아버지만큼 짜지는 않아서 가끔 아이에게 외식도 시켜주고 함께 취미 생활도 한다.

　부모보다 나은 인생을 살아가고 있는지 돌아보는 과정에서 우리는 부족함을 인정하고 개선하기 위해 다른 시도를 할 수 있다. 스스로 선택한 결과를 회피하지 않는 책임감과 주어진 삶을 품위 있게 살아가는 지혜를 익힌다.

　한편으로 부모님의 삶을 돌아보면서 그들을 진심으로 이해할 수 있다. 그들의 싫었던 점들로부터 멀어지는 과정에서 부모님 또한 그 문제를 해결하기 위해 당신들만의 방식으로 노력해왔다는 사실을 짐작하게 된다.

내가 아버지를 닮아 책을 좋아한 것은 바람직한 대물림이었다. 아버지는 항상 집에서 책을 읽었다. 물론 구두쇠답게 내게 책을 사주거나 골라주신 적은 없다. 돈이 들지 않는 독서 습관만을 물려주셨다.

누구나 비슷한 경험 몇 가지는 가지고 있을 것이다. 부모님을 핑계 삼거나 탓할 시간에 조금이라도 나은 선택을 고민하는 게 어른의 태도다. 자신의 행동을 책임지는 어른이라면 아이들이나 후배들에게 우리가 기대했던 든든한 뒷모습을 보여주기 위해 오늘 하루를 어제와 다르게 살아가야만 한다.

비논리가
논리를 이길 때

후배가 급한 전화를 받았다. 여자친구에게 차를 빌려주었는데 주차를 하다 주차장 기둥에 문을 긁었다는 것이다. 산 지 두 달도 안 된 새 차였다. 낙심한 후배가 여자친구에게 물었다.

"얼마나 긁었는데?"

그 한마디에 여자친구는 마음이 상했다.

"어떻게 내가 다쳤는지는 물어보지도 않고 차부터 걱정하는 거야?"

"문짝이 긁히는 정도로 다치는 사람이 어디 있어?"

후배는 여자친구가 억지를 부린다고 생각했다. 남의 차를 긁어놓고는 민망하니 괜한 트집을 잡는다는 것이었다. 이야기를 들은 나도 그렇게 생각했다. 안 그래도 자책하고 있었을 여자친구에게 "얼마나 긁었느냐"고 힐난성 질문을 하니 눈치 보던 심정이 분노로 바뀌었을 거라고 생각했다.

두 사람은 서로 어떻게 그럴 수 있냐며 싸웠고 감정이 격해졌다.

지금은 내가 밟히지 않기 위해서라도 남을 밟아야 하는 경쟁 사회라고 한다. 하지만 이런 생각을 가지면 주변의 동료들과 진정한 관계를 맺기 어렵다. 특히 이겨야 산다는 믿음에 젖어 있으면 소중한 사람과의 사소한 감정싸움마저 죽고 사는 생존 경쟁으로 인식할 위험이 있다.

그렇다고 이성과 논리만이 옳은 것은 아니다. '나는 논리적인 사람'이라는 자부심은 오히려 부부나 연인, 가족, 친구 같은 정서적 관계에서 방해가 될 때가 많다.

이성적인 후배가 전화를 받고 먼저 떠올린 것은 사고 난 새 차였다. 여자친구가 다치지 않을 정도의 사고였으니 긁힌 문의 상태를 파악해 어떻게 수리할 것인가가 중요했다. 두 달도 안 된 새 차가 사고 난 것은 속상했지만 그에 따른 분노를 여자친구에게 표현할 수는 없었다. 그래서 감정적인 표현을 자제하며 여자친구에게 말을 건넨 것이다.

반면 여자친구에게 중요한 것은 그녀에 대한 걱정과 배려였다. 그러나 그녀는 그의 첫마디를 통해 그의 우선순위가 '자동차'라고 느꼈다.

논리로만 접근하면 잘잘못과 이해관계는 분명히 따질 수 있다. 그러나 사람 사이를 튼튼하게 이어주는 것은 정교한 논리가 아닌 서로에 대한 관심과 이해다.

나는 가까운 사람들과 숱한 싸움을 겪고 나서야 오히려 이기면 진다는 것을 알게 됐다. 말다툼에서 내가 논리로 이긴들 그후 한동안 이어지는 신경전과 감정 소모, 자잘한 복수를 감안하면 이긴 게 아니었다. 게다가 소중한 사람에게 상처를 주면서까지 이기는 것은 상대방뿐 아니라 관계에 씻을 수 없는 상처를 입히는 것이나 다름없었다.

가까운 이와의 갈등에서는 옳고 그름을 가리거나 이기는 것보다는 갈등의 목적을 파악하는 게 가장 중요했다. 상대에게 느낀 억울함이나 답답함, 분노 같은 감정을 표현하고 이해받으며 서로 공감하는 것이 싸움의 목적인 것이다.

또한 대부분의 갈등은 하나의 사건, 하나의 문제가 아닌 미묘한 감정과 사건들이 복잡하게 얽힌 경우가 많기 때문에 한 사람의 잘잘못이나 책임을 따져봐야 시간 낭비만 할 가능성이 높다. 차라리 묵은 감정을 해소하는 것을 목적으로 상대의 이야기에 귀 기울이는 게 시간과 에너지를 낭비하지 않는 확실한 방법이다.

후배는 그 여자친구와 결혼에 골인했으나 그 후로 오랫동안 대가를 치러야 했다. 그녀가 운전을 한사코 마다하는 바람에 아무리 피곤해도 직접 운전대를 잡아야만 했다.

서로에게 전해지는 것은 '말' 그 자체보다 '감정'일 때가 많다. 백 마디의 좋은 말도 감정으로 제대로 전해지지 않으면 소용이 없다. 그래서 완전무결한 논리보다 비논리적인 감정이 훨씬 힘이 셀 때가 많다.

이는 자신이 어떤 말을 들을 때 힘을 얻는지 돌이켜보면 분명해진다. 논리적인 말보다는 '나는 언제까지나 당신의 편'이라는 식의 비논리적인 말에 감동을 받을 때가 훨씬 많다. 누구나 그렇다.

공감을 이끌어내는
말하기

취재에 도움을 주었던 디자이너에게 연락이 왔다. 통화를 하다 보니 이야기를 들어줄 누군가가 필요한 것 같았다. 전에 나에게 도움을 주었으니 이번에는 보답할 차례였다.

힘들거나 혼란스러울 때 이야기를 들어줄 사람이 있다면 걱정을 토로하는 것만으로도 마음이 한결 가벼워진다. 이야기를 하는 과정에서 복잡했던 가닥들도 한결 정리되는 느낌이 든다. 다만 이야기를 제대로 전하기 위해서는 사전 준비가 필요하다.

그녀와 통화를 하는데, 처음에는 무엇을 말하고 싶은 것인지 알 수 없어 시간이 걸렸다.

"어제 회사 워크숍에 갔거든요. 우리는 따로 흩어져 있었는데 부장님이 예정에 없었던 ○○○○를 시켜서… 연수원 뒷산에 올라갔다가 내려와서는 팀장님이 ××××를 하는데… 제가 이렇게 했더니…."

내가 말을 잘랐다.

"팀장님한테 혼이 난 건가요?"

그녀는 아니라고 했다. 여러 번 그녀에게 묻고, 빠진 이야기들을 채우니 내용이 정리됐다. 과장이 실수를 했는데 팀장이 잘못 알고 그녀를 야단쳤다. 그런데 나중에 사실을 알고도 팀장이 사과하지 않았다는 것이었다.

이야기의 주제를 알 수 없는데다 진행 속도가 느리고 등장인물과 사건까지 많으면 듣는 사람은 금방 피로와 싫증을 느낄수 있다. 반대로 목적이 분명한 이야기가 속도감 있게 풀리면 듣는 이를 끌어들이며 심지어는 매혹시킨다.

그러니 이야기에 공감을 끌어내고 긍정적인 피드백까지 원한다면 어느 정도의 '말하기 기술'이 꼭 필요하다.

그녀에게는 자신의 이야기를 남의 이야기처럼 정리하는 연습이 필요했다. 연습을 통해 말하고 싶은 내용을 드라마의 줄거리처럼 정리해야 했다. 예를 들면 그녀는 이야기를 이렇게 시작할 수 있었다.

"회사 워크숍에서 억울한 일을 당했어요. 제 잘못도 아닌데 혼이 난 거 있죠."

반드시 내용을 시간 순으로 전달해야 한다는 고정관념에서 벗어나면 말하기 능력은 눈에 띄게 좋아질 수 있다. 이런 식으로 말이다.

"팀장님이 과장님의 실수를 보고는 난리가 난 거예요. 사실은 제가 그렇게 하지 않으려고 했는데 과장님이 말리고 직접 하시다가 그만…"

이렇게 이야기하면 듣는 사람은 곧바로 과장의 잘못을 알게 된다. 팀장이 애꿎은 그녀를 혼내고 사과하지 않았다는 것을 알게 되는 순간에는 함께 분노하게 된다.

서로의 말하는 방식을 잘 아는 사이라면 어떻게 이야기해도 들어주면서 공감할 수 있다. 하지만 잘 정리해서 말하는 능력은 그리 가깝지 않은 사이에서도 공감을 나누며 가까워질 수 있는 튼튼한 가교 역할을 한다.

있었던 사실을 재분류해 하나씩 꺼내는 연습을 하면 이야기를 재미있게 구성할 수 있다. 거기에 적당한 길이와 긴장감, 표현력까지 뒷받침되면 상대의 마음까지 움직일 수 있을 것이다.

물론 마음을 사로잡는 가장 중요한 포인트는 '결론'부터 말하는 것이다. '이것은 ○○○에 관한 이야기입니다'라고 이야기의 내용을 한 줄로 정리할 수 있다면 말하기 준비의 70퍼센트는 끝난 셈이다.

내가 모르던
나와 만나는 방법

한 모임에서 유독 나와 맞지 않는 친구가 있었다. 작은 실수를 공개적으로 지적하고, 감정적인 말을 툭툭 던지는 성향 때문에 가까이 하고 싶지 않았다.

그 모임에서 여행을 다녀오자는 이야기가 나왔다. 하필 나와 맞지 않았던 그 친구가 제안했고, 다른 선후배들도 좋은 생각이라며 잇따라 호응했다. 전부터 가보고 싶었던 여행지였지만 나는 바빠서 갈 수 없을 것 같다고 했다. 그 친구가 여행을 주도하는 것부터가 마음에 안 들었기 때문이다. 못 간다고 하면 사람들이 어떻게든 시간을 맞춰보자고 할 줄 알았는데 별다른 반응이 없어서 못 이기는 척 합류할 기회조차 잃었다. 그 후 모임에서 여행 후일담이 나올 때마다 속이 쓰렸다.

미움과 분노는 시야를 좁게 만든다. 부정적인 감정에서 빠져나온 후에야 판단하기 어려워 잘못 결정한 것이 아니라 감정에 눈이 멀어 다른 길들을 보지 못했다는 사실을 깨닫는다.

누구나 내면에 억압된 분노를 조금씩은 갖고 있다. 하지만 모든 사람이 부정적인 감정을 다른 사람에게 쏟아내는 방식으로 풀지는 않는다. 또 부정적인 감정을 어떻게 처리하느냐에 따라 삶의 내용은 달라질 수 있다.

잘 생각해보면 우리는 늘 비슷한 상황과 조건에서 분노한다. 경험을 통해 지금 화를 내면 어떻게 될지 알면서도 번번이 분위기를 망치거나 관계를 잃는 등 손해를 보기도 한다. 그렇다면 어떻게 해야 분노와 후회의 악순환에서 벗어날 수 있을까.

일단 화가 나는 이유부터 알아야 한다. 대부분 이유는 내면에 숨겨진 경우가 많다. 분노의 크기가 클수록 무의식중에 상처나 편견 같은 것들이 똬리를 틀고 있기 마련이다. 자신이 감당하기에는 받은 상처가 크기 때문에 수면 위로 꺼내어 다룰 수조차 없는 것이다.

내가 싫어하던 그 친구는 나를 볼 때마다 옷차림을 가지고 꼭 한마디씩 했다.

"그 셔츠랑 바지는 안 어울리는 것 같은데?"

내가 뭘 입든 무슨 상관이란 말인가. 그때마다 욱하는 마음이 들었지만 시간이 지나 내 분노의 밑바닥을 들춰보고는 숨은 상처를 찾았다. 일종의 콤플렉스였다. 나는 내가 세련된 사람이 아니라는 것을 은연중에 알고 있었다. 스스로 마음에 들지 않는 부분을 남에게 지적까지 받으니 배로 화가 난 것이었다.

내 분노는 나의 마음속에 뿌리를 내리고 있었다. 그 친구는 무의식중의 상처를 일깨우는 계기를 제공할 뿐이었다. 어쩌면 그는 진심으로 내게 조언해주고 싶어서 호의로 말했을 수도 있다. 그런 생각이 들자 다음 모임에서는 그의 지적에 이렇게 답할 수 있었다.

"내버려둬. 그냥 마음 편하게 나답게 살래~."

이후로도 가끔 그의 지적을 들었지만 예전처럼 화가 나지는 않았다.

화가 났을 때에는 자신의 마음을 들여다보는 게 우선이다. 왜 화가 나고, 어떻게 상황을 해결할지 알기 위해서는 내 마음에서 힌트를 얻을 수밖에 없다.

마음을 들여다보는 가장 좋은 방법은 일기를 쓰는 것이다. 나는 매일 펜을 들고 손글씨로 일기를 쓴다. 오늘의 기분과 있었던 일을 정리하는 과정에서 객관적으로 하루를 돌아본다. 한 글자씩 쓰다 보면 감정이 차분해지면서 오늘 느꼈던 감정 특히 스트레스나 분노, 우울, 걱정의 이유를 알게 되는 동시에 기쁨이나 편안함, 즐거움 같은 좋은 기억을 되새길 수 있다.

처음에는 사소한 기분까지 세세하게 쓰는 게 쉽지 않았다. 그러나 매일 꾸준하게 쓰면서 감정을 글로 표현하는 것이 편하고 익숙해졌다.

여유가 된다면 시간을 오래 들여 차분하게 일기를 쓰는 것도 좋다. 쓰다 보면 평소보다 깊은 생각에 잠기게 된다. 나도 몰랐거나 외면하고 싶었던 마음속 밑바닥의 감정까지 더듬어 표현하는 과정에서 기분 나빴던 일이나 좋았던 일, 다른 어떤 일을 통해서도 배울 게 있다는 점을 알게 된다.

부담을 내려놓고 오늘의 기분을 글로 표현해보자. 그러다 보면 내일은 무슨 일로, 어떤 것을 깨달을 수 있을까 하는 기대감도 싹틀 것이다.

본전에
연연하지 않는다

이삼십 대 여성들이 흔히 하
는 이야기다. 수년 간 연락이 없던 친구에게 전화가 오면 그 이
유는 둘 중 하나라고 한다. 결혼을 할 예정이거나 다단계에 빠
졌거나.

실제로 적잖은 여성이 예전 직장 동료나 오래전 동창에게서
갑작스러운 연락을 받으면 당황스럽다고 한다. 이름이나 얼굴
도 기억이 확실히 나지 않는데 결혼식에 참석해달라는 부탁까
지 들으면 난감해진다. 지금까지 그랬듯 앞으로도 연락을 주고

받지 않을 게 뻔한데 말이다.

그러면서도 살짝 기대감이 들 때도 있다고 털어놓는다. '이번 결혼식에 가주면 내 결혼식 때도 참석해주지 않을까.'

따지고 보니 그들 심정이 이해가 간다. 남들보다 일찍 결혼하는 여성이라면 대학을 졸업한 지 얼마 안 됐을 테고, 직장 동료도 많을 테니 결혼식에 사람들을 초대하기 수월하다. 반면 결혼이 늦은 여성의 경우 하객이 적을까 걱정하지 않을 수 없다. 학교를 졸업한 지 오래돼 친구들 상당수가 연락이 끊겼고 회사 동료 또한 육아로 퇴사해 얼마 남지 않았을 것이다. 결혼식에 대비하는 차원에서 그저 그런 모임에 참석해 맞지 않는 사람들과 억지로 어울려야 할 때도 있다. 그러다 보면 이렇게까지 애를 쓰면서 관계를 유지해야 하나 하는 회의도 든다. 그동안 남들에게 뿌린 돈도 있고, 하객이 너무 적을까 봐 걱정도 되고…. 여러 모로 본전 생각을 하게 되는 것이다.

하지만 그동안 쏟은 시간과 비용, 에너지가 아까워 이도저도 아닌 채로 지내다 보면 허송세월만 보내게 된다. 직장을 다니면서 자기계발을 위해 어학원을 다녀본 사람이라면 공감할 것이다.

적지 않은 돈을 지불해놓고도 회사 회식이나 야근 등으로 빠지는 날이 많다. 그러다가 수업을 따라가기 벅차면 의지가 약해진다. 마침내는 어학 공부를 해봐야 활용할 일도 없을 것 같다. 그럼에도 그동안 들인 돈과 시간이 아깝다. 그렇게 우물쭈물하는 사이에 시간이 흘러 일부 환불조차 받을 수 없다.

공부든, 일이든, 관계든 꾸준하게 이어가기 어렵다는 생각이 들거나 시간 낭비라고 여겨진다면 과감하게 접는 것도 방법이다. 과거는 이미 지나갔다. 본전 생각에 매달려 있는 한, 지금은 물론 앞으로도 자유를 누릴 수 없다. 본전에 연연하는 태도만큼 허망한 낭비란 없다.

이럴 때 필요한 게 리셋 버튼이다. 지금 바로 과감하게 리셋 버튼을 눌러야 앞으로 이어질지도 모를 인생 낭비로부터 나를 지킬 수 있다.

반전을 부르는
포기의 타이밍

실수를 저지르거나 실패한 후 변명을 늘어놓는 사람이 있다. 대개는 운이 없었던 탓으로 돌리지만 그것도 한두 번이다. 여러 번의 도전을 반복했는데 실패가 계속된다면 나 자신 외에 탓할 대상은 없다.

오랫동안 고시 공부에 매달려온 남자가 있다. 처음에는 딱 3년만 도전하고 합격하지 못하면 미련 없이 포기하기로 했다. 3년 동안 1차 시험에도 합격하지 못했다. 그 후에는 공부한 게 아깝다는 생각에 한 번만 더 도전하기로 마음먹었다. 그렇게 한 번만, 한 번만 하던 생활이 삼십 대 중반까지 이어졌다.

여전히 '조금만 더 공부하면 합격할 수 있지 않을까?' 하는 생각이 들었지만 이미 그렇게 10년의 세월이 흘렀다. 그가 고시의 늪에 빠져 있는 사이 친구들은 각자의 삶에서 일정의 성과를 내고 있었다. 그는 인생이라는 경기에서 큰 점수 차로 지고 있다는 사실을 인정해야만 했다.

그는 결국 고시 공부를 포기하고 공인중개사 시험을 준비해 바로 합격했다. 현실의 삶을 차근차근 살아가기로 결심한 것이었다. 하지만 공인중개사의 삶도 만만치 않았다. 그는 고시 공부를 시작한 뒤로 책만 보고 살았기 때문에 사람을 대하는 데 서툴렀다. 사회생활은 더더욱 알지 못했다. 그런데 부동산을 찾아오는 고객들은 대부분 예민했다. 돈 문제가 걸린 일이기 때문에 사소한 실수도 의도가 있는 행동으로 오해받는 경우가 많았다.

그래도 그는 뒤로 물러날 수 없었다. 이마저 실패하면 정말로 생활이 막막해지기 때문이다. 그는 인내심을 가지고 사람들을 만났다. 사람들에게 친밀감을 주는 성격이 못 됐기 때문에 차라리 꼼꼼하고 정확한 일처리로 신뢰를 얻자고 생각했다. 매물의 변동 사항을 거듭 확인해 실수하지 않았고, 정확한 정보를 꼼꼼하게 제공함으로써 신뢰를 얻기 시작했다. 일에 익숙해지고 나니 여유가 생겼고 손님을 대하는 태도도 한결 편해졌다.

그는 고시 공부 바깥의 진짜 세상을 경험한 후에야 '비로소 어른이 되었다'는 생각이 들었다. 이제는 뭐든 해볼 수 있을 것 같다는 자신감까지 생겼다. 오랜만에 느끼는 행복이었다.

그는 공인중개업을 정리하고 로스쿨에 진학해 부동산 전문 변호사가 되겠다고 결심했다. 생각하지 못했던 삶을 살아보고 새로운 목표를 찾은 것이다. 고시 공부를 포기했을 때는 패배자라는 자괴감에서 벗어날 수 없었다. 그런데 지금은 홀가분한 자유를 느낀다고 말한다. 그 자유는 포기를 통해 얻어진 것이었다.

그의 포기는 끝이 아니었다. 새로운 시작이었다.

포기는 타이밍이 중요하다. 너무 이르지도, 너무 늦지도 않은 타이밍에 포기해야 그동안의 노력을 헛되지 않게 하면서 여력을 확보할 수 있다. '시원한 포기'는 깔끔해 보이지만 현실 도피일 수 있다. '버틴 끝에 포기'는 고생만 하고 아무것도 남기지 않을 수 있다.

그런데 이런 타이밍은 사실 숱한 실패를 겪어보지 않고서는 알기 어렵다. 그렇기에 적당한 실패와 포기의 경험이 더욱 좋은 기회를 만들어내는 밑거름이 되어준다. 게다가 젊은 시절의 실패와 포기는 잃을 게 적다.

우리는 적극적으로 도전하고 자신의 한계를 가늠하며 더 많은 포기를 경험해야 한다. 그래야 진짜로 원하는 것이 생겼을 때 버릴 것을 버리고 다시 시작할 수 있다.

4

아직 내게는
실패하지 않은 날들이
남아 있어

회사는 일 중독자를
원하지 않는다

　　　　　　　　　　　　삼십 대 중반, 극심한 만성 두
통에 시달렸다. 커다란 가시가 왼쪽 머리를 찌르는 듯한 느낌
이 매일 몇 번씩 찾아왔다. 통증만 없앨 수 있다면 더는 소원이
없을 것 같았다. 그렇게 1년을 버티다 종합병원을 예약했다. 담
당 교수가 MRI 화면을 유심히 보고는 내게 무슨 일을 하고, 어
떤 일과를 보내는지 물었다. 새벽에 출근했다가 다음 날 새벽
에 귀가해 잠깐 눈을 붙이고 다시 출근하던 때였다.

　교수가 정색하고 말했다.

"그러다가는 마흔도 못 넘기고 쓰러집니다."

원인은 만성 피로와 스트레스였다. 그러다 뒷목을 잡고 쓰러지면 뇌졸중. 신경외과 병동에 꼼짝 못하고 누워 있는 환자들 중에 삼사십 대가 꽤 많다는 것을 그때 처음 알았다.

나는 일 중독자였다. 쉬는 게 오히려 불안했고, 일에 매달려야 살아 있다는 느낌을 받았다. 상사의 칭찬이라도 받으면 날아갈 것 같았다. 그러나 밤늦게 집으로 돌아올 때에는 허탈함을 느꼈다. 그렇게 무리하게 일을 하다 보면 뭔가를 이룰 수 있을 것만 같았다, 그때는.

하지만 요즘 기업은 의외로 일 중독자를 반기지 않는다. 오히려 조직의 창의성과 자율성을 방해할 가능성이 있는 '위험 요소'로 본다.

혈기만 넘치는 관리자는 후배들이 과거의 자기 같은 줄 안다. 그래서 "모두가 목숨을 걸고 목표를 향해 돌격하자"고 독려한다. 하지만 변수가 많은 세상에서 섣불리 올인 했다가는 성과는커녕 조직 전체를 번 아웃(Burn out) 상태로 만들기 십상이다. 칭기즈칸도 이런 걱정 때문에 지나치게 용맹스러운 장수에게는 지휘권을 부여하지 않았다고 한다.

일 중독자는 커다란 목표를 세우고 엄청난 속도로 질주하지 않으면 불안해한다. 그러니 목표 달성을 위해 자신과 남들에게 가혹하고 무자비해질 수밖에 없다. 자기 기준을 동료와 후배들에게 요구하다 보면 갈등이 생기기 마련이다. 그런 하루하루가 쌓여 조직의 건강을 해친다. 기업의 입장에서는 그게 더 골칫거리다.

사려 깊은 경영자는 직원들이 특별한 한 방을 날리기보다 성실하게 하루하루 쌓기를 바란다. 복잡하고 까다로운 일도 한 번에 하나씩 풀다 보면 한결 수월해진다.

'그러다가는 마흔도 못 넘기고 쓰러집니다.'

엄중한 경고를 받은 후에야 나는 내 삶의 방식에 문제가 있다는 것을 받아들였다. 그 후로 숱한 성취와 실패를 거듭하며 내가 통제할 수 있는 부분에 능력을 집중하는 게 현명한 선택이라는 것을 깨달았다. 내게는 결과를 어찌할 수 있는 능력이 없었다. 바꿀 수 있는 것은 과정뿐이었다. 그리고 결과는 과정이 쌓여 이루어지는 것이다.

더 이상 거대한 바위 같은 목표를 고집하지 않게 되었다. 소소한 도전과 과정을 즐기기로 했고, 그런 결심이 내 삶을 바꿨다. 집착을 버리자 비로소 알 수 없는 미래라는 두려움으로부터 조금 편해질 수 있었다.

이룰 수 없을 것 같던 큰 목표를 내려놓으니 일상에서 가슴 두근거리는 행복을 느낄 때가 많아졌다. 힘들었던 과거도, 불안한 미래도 잊은 채 눈앞의 즐거움과 감동에 사로잡히는 멋진 순간 말이다. 그런 순간을 재발견하고서야 인생의 의미를 생각하는 여유를 갖게 되었다.

기분 좋은 음악을 들으며 산책을 하다 망울을 터뜨리기 시작한 꽃들을 발견하고는 쪼그려 앉아 한동안 들여다보았다. 바쁠 때에는 그런 것에 시선이 향할 이유도, 멈출 이유도 없었다.

여유가 생긴 후에야 일상의 미묘한 차이를 감지하는 눈썰미가 생겼고, 그런 안목이 세상의 마법 같은 순간들을 이따금씩 찾아내어 감동이라는 선물을 주었다. 베란다에서 차를 마시며 해가 떠오르는 장면도 즐기게 되었다. 취재로 만난 사람들의 이야기에 공감하며 깊은 대화를 나눌 수도 있었다.

일상의 감동은 '오늘도 충실히 살아야겠다'는 용기에 마법의 숨결을 불어넣어준다. 행복은 큰 목표와 큰 성과만으로 얻어지는 게 아니었다. 오히려 큰 기회만 노리는 눈은 가까이서 수없이 번뜩이는 감동의 순간들을 알아보지 못한다.

내 안의 악마와
공존하는 법

모든 사람에게 사랑받기를 원하면서도 정작 나 자신을 사랑하지 않는다고 느낄 때가 있다. 사람들이 신경 쓰지 않을 작은 실수에 끝없이 자책하며 자신을 괴롭힌다. 누군가에게 상처를 받으면 상대방보다 나 자신에게 칼날을 겨눌 때도 많다. 스스로 안쓰럽고 안 됐지만 그러면서도 한심하고 화가 난다.

이런 이중적인 태도를 심리학에서는 '양가성'이라고 한다. 사랑에는 미움이 깃들어 있으며, 충성에는 배신이 따른다. 존경에도 시기심이 포함되어 있다.

미국 인디언들 사이에 전해오는 이야기에도 양가성에 대한 통찰이 담겨져 있다.

인디언 추장이 내면에서 일어나고 있는 '큰 싸움'에 관해 손자에게 이야기했습니다.

"애야, 이 싸움은 우리 모두의 마음속에서 일어나고 있단다. 두 늑대 간의 싸움이란다. 한 마리는 악한 늑대로 그놈이 가진 것은 화, 질투, 후회, 탐욕, 거만, 자기연민, 죄의식, 회한, 열등감, 거짓, 자만심, 우월감 그리고 이기심이란다. 또 한 마리는 좋은 늑대인데 그놈이 가진 것은 기쁨, 평안, 사랑, 소망, 인내심, 평온함, 겸손, 친절, 동정심, 아량, 진실과 믿음이란다."

손자가 추장 할아버지에게 물었습니다.

"그럼 둘 중 어떤 늑대가 이기나요?"

추장이 대답했습니다.

"네가 먹이를 주는 놈이 이기지."

오래전 이 이야기를 읽었을 때에는 마음속 착한 늑대가 악한 늑대를 해치워 평화롭게 살기를 바라는 취지로 받아들였다.

하지만 지금 다시 읽어보니 어느 쪽 늑대도 상대와 싸워 완전히 이길 수 없다는 내용으로 받아들여진다. 착한 늑대가 이겨도 악한 늑대는 사라지지 않는다. 선과 악은 끝없이 다투면서 공존할 수밖에 없는 것이다.

친절하고 선량한 사람의 마음에는 그 반대 성향도 비슷한 크기로 공존한다. 착한 늑대에게만 먹이를 준들 악한 늑대가 힘을 잃는 것은 아니다. 오히려 억압당했던 마이너스 감정이 엉뚱한 데로 튀는 경우도 있다. 그러면 가까운 사람들이 그 피해를 입는다.

누구에게나 각자의 사정이 있기 마련이다. 그러나 상반된 감정이나 욕망을 어떻게 다루느냐에 따라 삶의 형태는 달라진다.

알코올 중독자 아버지 밑에서 자란 두 청년이 있었다. 둘은 성년이 되자 집을 떠나 각자의 길을 걸었다. 세월이 흘러 한 심리학자가 그들을 인터뷰했는데 두 사람은 똑같은 대답을 했다.

"만약 당신이 비슷한 아버지를 가졌다면 당신도 저처럼 됐을 겁니다."

그러나 두 청년의 삶은 전혀 달랐다. 한 청년은 아버지를 반면교사 삼아 술을 입에 대지 않고 행복하게 살고 있었다. 한편 다른 청년은 아버지처럼 알코올 중독자가 되어 있었다.

두 청년 모두 알코올 중독자 아버지의 영향을 받아 형성된 양가적 성향 때문에 고통받았을 것이다. 하지만 선택한 길은 각각 달랐다.

먼저 나의 내면에 좋은 늑대와 악한 늑대가 공존한다는 사실을 받아들여야 한다. 처한 상황에 따라 내가 어떤 모습을 보일지는 장담할 수 없다. 악한 늑대를 완전히 몰아낼 수 없으므로 열린 마음으로 돌보고 다독여야 한다.

심리학의 대가 융은 "양가성은 세계를 유지하는 기본 가치"라고 주장했다. 성공이 있기에 실패가 있고, 희망이 있기에 좌절이 있는 것처럼 양가성은 삶을 역동적으로 만들어준다.

이런 의미에서 나의 내면이 가장 강렬하게 반응하는 양가성은 새로움에 대한 반응인 듯하다. 새로움은 나를 설레게 하지만 낯설기에 두렵기도 하다. 나는 변화 앞에서 내면의 늑대 두 마리가 가장 강하게 역동함을 느낀다. 두 마리가 각각의 방식으로 보내는 신호를 예민하게 받아들이려고 노력한다.

양가성의 감각이 이끄는 대로 조심스레 한발을 내딛는다. 어쨌거나 일단 발을 떼고 나면 흔들리면서도 앞으로 나아갈 수 있다.

실패를 인정하면
실패하지 않는다

파혼을 경험한 여성을 취재한 적이 있다. 그녀는 뭔가에 홀린 듯한 기분으로 결혼 준비를 하게 됐다고 했다. 더 늦기 전에 결혼해야 한다는 채근이 끊이지 않았고, 가까운 친구들도 전부 결혼한 상태였다. 마치 뭔가에 쫓기는 것처럼 몇 개월 사귄 남자친구와 결혼을 하기로 했다.

상견례를 하던 날, 상대쪽 부모님의 무례함에 가족들이 당황했지만 이미 멀리 와버린 상태였다. 결혼을 급하게 준비하는 와중에 문제점이 하나둘 드러나기 시작했다. 그녀의 머리는 '여기서 '그만'을 외치고 있었지만 결정을 번복할 용기가 차마 나지 않았다. 그러나 아무리 생각해봐도 확신이 없는 사람과 결혼하는 것은 바보짓 같았다.

그녀는 혼자 끙끙 앓다가 회사 선배에게 조언을 구했다. 선배는 신입사원 시절 그녀가 실수했던 이야기를 꺼냈다.

"그때 시말서 썼던 것 기억나지? 전체 금액은 맞았는데 오류가 두 군데 있었잖아."

별것 아닌 일로 팀장이 시말서를 요구하는 바람에 미안한 마음은 사라지고 억울하고 야속하기만 했었다. 하지만 선배는 그 일을 다르게 기억하고 있었다.

"실수한 걸 알았을 때 놀랐을 거야. 그렇지만 혼이 날까 봐 가만히 있었겠지. 문제는 그런 과정에서 일이 커졌다는 거야. 빨리 실수를 인정하고 보고했으면 나라도 수습해서 아무것도 아니었을 일을, 혼자서 해결한다고 시간을 끌었으니 회사 입장에선 시말서를 요구할 만도 하지. 지금도 다르지 않아. 잘못됐다는 판단이 들면 그만두면 돼. 언제라도 늦은 때는 없어. 결정하기 어려우면 혼자서 끙끙 앓지 말고 가족들과 허심탄회하게 이야기해봐."

시간이 지난 뒤에 생각해보면 대부분의 실패는 감당할 만한 것들이다. 그러나 실패를 바로 인정하지 않고 어떻게든 혼자서 해결하겠다고 버티는 순간부터 일은 커진다. 일단 인정부터하면 그다음에 해야 할 일이 보인다. 나 혼자 해결할 수 없다면 주위의 도움을 받으면 된다.

그녀는 부모님께 그동안 남자친구와 그의 가족들에게서 느꼈던 문제점들을 털어놓았다. 머리로는 어떻게 해야 할지 알겠는데 용기가 나지 않아 망설여왔다고 솔직하게 이야기했다. 그렇게도 결혼을 재촉하던 식구들이 일제히 돌아서 그녀의 편이 되어주었다. 한 번뿐인 인생, 별 문제없는 사람과 살아도 녹록치 않은 게 결혼인데 벌써부터 그런 생각이 든다면 어쩔 수 없다는 것이었다. 예상치 못했던 가족의 따뜻한 격려에서 그녀는 비로소 용기를 얻었다.

그녀가 다른 누군가를 만나볼 결심을 하기까지는 오랜 시간이 걸렸다. 또 실패할까 봐 두려웠다. 우리는 늘 실패를 돌아보며 '그때 다른 선택을 했더라면 좋았을 텐데' 하고 후회한다. 늦은 것은 사실이지만 후회가 쓸모없는 것은 아니다. 후회를 통해 무언가를 배울 수 있다. 비슷한 상황이 생기면 과거의 기억을 떠올려 예전과 다른 선택을 한다.

그녀는 이제 누구를 만나도 조급하게 생각하지 않는다. 가장 중요한 것은 주위의 기대나 시선이 아닌 자기 자신의 생각과 결심이라는 것을 알았기 때문이다. 걱정에 사로잡혀 시간을 낭비하느니 실제로 도움이 되는 일을 시도해보겠다는 용기까지 갖게 됐다.

스스로 늦었다고 생각하지 않으면 시작하기에 늦은 때는 없다는 말이 맞는 모양이다.

지금 다시 시작해도
늦지 않은 것들

책은 좋아하지만 바빠서 읽을 시간이 없다는 말을 자주하는 친구가 있다. 마찬가지로 그는 운동도 좋아하지만 바빠서 운동할 시간이 없다.

우리들 또한 독서나 공부, 운동을 충분히 하지 못하는 것에 대한 변명을 늘어놓는다. 하지만 우리는 알고 있다. 정작 바쁜 사람들은 어떻게든 시간을 쪼개어 운동도 하고 공부도 한다는 것을.

실제로 가까운 회사 선배들을 보면 그렇다. 중책을 맡아 분

단위로 회의에 참석하는 선배의 가방에는 반드시 책 한두 권이 들어 있다. 이런 선배는 또 새벽에 시간을 만들어 운동도 한다. 시간이 없어서 할 수 없다는 말은 핑계다. 진심으로 하고 싶다면 어떻게든 시간을 내기 마련이다. 다만 진심으로 좋아하기까지 시간과 비용이 들 뿐이다.

독서

책 읽을 시간은 따로 필요한 게 아니다. 출퇴근 시간과 쉬는 시간에 짬짬이 읽어도 최소한 일주일에 한 권은 읽을 수 있다. 스마트폰에 할애하는 시간을 조금만 줄여도 다독가로 거듭날 수 있다.

수년 만에 다시 책을 잡은 후배가 경험을 들려주었다. 그는 매달 7만 원을 도서 구입비로 책정했다. 평소에 책값이 비싸다고 불평해왔지만 사실 술값에 비하면 아무것도 아니었다.

그는 철저히 재미 위주로 책을 읽었다. 책 읽는 훈련이 안 되어 있으니 술술 읽히는 쉬운 책을 골랐다. 남들이 보는 책, 유명 인사가 추천하는 책이라고 사지 않았다. 경험상 그렇게 고른 책은 라면 냄비 받침으로 전락하기 일쑤였다.

후배는 구입한 책을 집안 곳곳에 배치했다. 그리고 손에 잡히는 대로 읽었다. 물론 출퇴근 시간이 책을 읽기에 가장 좋은 시간이었다.

동시에 여러 권을 읽었지만 의외로 내용이 헷갈리거나 산만하지 않았다. 오히려 이 책과 저 책의 내용이 묘하게 연결되는 경우도 있고 그로 인해 전혀 엉뚱한 영감을 얻을 때도 있었다.

나는 저렴한 가격에 전자책으로 구입한 세계문학전집을 틈틈이 읽고 있는데 오래전에 읽을 때는 몰랐던 깊은 의미들을 다시 접하니 모든 게 새롭다. 삶의 디테일을 다시 찾아내고 고개를 주억거리며 깨닫는 게 고전 읽기의 재미인 것 같다.

여전히 시간이 생길 때 책을 읽겠다는 생각이라면 앞으로도 바빠서 읽지 못할 가능성이 높다.

공부

우리들 대부분은 공부에 대한 안 좋은 기억을 가지고 있다. 진학이나 취업을 위해 억지로 공부해왔기 때문이다. 하지만 어느 정도 시간이 흐르면 공부의 순수한 목적, 즉 즐기기 위한 공부를 할 수 있다. 평생 교육을 받을 수 있는 곳이 늘어나는 추세인데다 마음만 먹으면 인터넷을 통해 다양한 과목을 수강할 수도 있다.

나는 가끔 전시회에 가는데 웬만한 서양화 기획전을 둘러봐도 뭐가 뭔지 알 수가 없다. 마네고 모네고 고흐고 렘브란트고 잘 모르겠다. 처음에는 그림을 골똘히 들여다보다가 얼마 못 가 인내심이 바닥난다. 결국 대충 둘러보고 서둘러 나오게 된다.

"처음엔 다 그래요."

그림에 조예가 깊은 후배가 말했다. 화풍이나 시대가 제각각인 다양한 그림을 즐겁게 감상한다는 것은 그 시대에 대한 이해가 밑받침돼야 가능하기 때문에 쉽지 않은 일이라고 했다. 후배 역시 그림에 대한 공부를 하면서 안목을 넓혔다.

후배를 만나고 돌아오며 서점에 들러 그림 해설서 몇 권을 구입했다. 무언가에 대해 안다는 것은 관심과 시간을 들여야만 가능한 일이다. 미술뿐 아니라 모든 게 그렇다.

어른이 된 이후의 자발적 공부는 일상의 문제를 해결하는 데도 도움이 된다. 책에서 본 내용이나 강의를 내 삶에 대입해보면 혼자서는 해결할 수 없었던 뜻밖의 지혜를 얻을 때가 많다. 원래 공부란 지식을 얻는 데 그치는 게 아니라 사고법과 문제해결 방법까지 전수받기 위한 것이기 때문이다.

나이가 들면 인지 능력이 떨어진다는 편견이 있는데 이는 선입견에 불과한 것으로 판명됐다. 미국 UC버클리대 신경과학자 연구팀이 대학생 142명을 대상으로 1958년부터 40년간 장기 임상을 실시한 결과, 뇌 기능은 60세 이후에도 지속적으로 발전한다는 사실을 입증했다.

사실 공부는 태도에 달려 있다. 배우고 익히려는 마음만 있으면 인터넷상에서도 기회를 얻는다. 내 친구 중 하나는 SNS 대화를 보다가 가끔 인터넷 사전을 확인한다. 남의 글에서 잘못된 부분을 보고 익혀 실수를 바로잡을 기회로 활용하는 것이다.

우리는 공부를 통해 끊임없이 새로운 나를 만들어나간다. 오늘 새로운 지혜를 얻은 나는 더 이상 어제의 내가 아니다. 자기에 대한 가능성을 포기하지 않고 공부하는 한 우리는 나이가 들어도 늙지 않는다.

운동

나는 원래 운동을 싫어했다. 하지만 몸이 안 좋아져서 운동을 시작했고 지금은 운동 잘하는 친구들이 그렇게 부러울 수가 없다.

사람에게는 공부와 일, 놀이가 운명처럼 주어졌다. 배워서 일을 하고, 쉬거나 놀며 긴장을 풀고, 다시 배우며 일하는 게 기본적인 생활 패턴이다.

그런데 이 놀이의 '끝판왕'이 운동이다. 운동을 통해 감각을 일깨우고 잡념을 버림으로써 노동의 스트레스를 날려버릴 수 있다. 무엇보다도 기분 전환하는 데 효과적이다. 운동을 통해 리프레시 하면 다시 일터로 돌아갈 에너지를 얻는다.

운동은 재미가 있어야 꾸준히 할 수 있다. 운동에 소질이 없던 나는 여러 가지 운동에 도전해봤다. 하지만 재미없는 운동은 스트레스일 뿐 꾸준히 하기 어려웠다. 숱한 시행착오 끝에 수영에 정착했다. 여섯 번의 도전 끝이었다. 규칙적으로 수영을 하면서 운동의 즐거움을 알았다. 초반에는 숨도 제대로 쉴 수 없어 힘들었지만 익숙해지면서부터는 큰 성취감을 얻을 수 있었다. 운동을 가는 길이 설렐 때도 있다.

무언가를 '좋아한다'는 것은 일종의 '근육 만들기'와 같다. 남녀가 만나 사랑을 키워가는 과정만 해도 그렇다. 때로는 상처를 주고받고, 죽을 만큼 미워할 때도 있다. 하지만 그 과정을 잘 극복하면 사랑은 단단해진다. 독서나 운동, 공부도 익숙해지고 좋아하기까지 수없이 도전하고 극복하고 부딪히는 시간이 필요하다.

여행

내가 아는 여성은 친구와의 여행 약속을 7년 만에 이뤘다. 두 사람은 결혼하면 시간을 내기 어려울 거라며 쫓기듯 여행을 계획한 적이 있었다. 그런데 친구의 사정으로 취소했다. 그 후 각자 생활이 바빴고, 그녀가 결혼해 아이를 가진 뒤로는 엄두도 내지 못했다.

그러던 어느 날, 친구가 회사를 그만두고 공무원 시험을 준비하겠다고 선언하면서 여행 열정이 7년 만에 다시 불붙었다. 본격적으로 시험을 준비하기 전에 못 이뤘던 꿈을 함께 이루자는 것이었다. 이번에는 그녀의 사정이 여의치 않았으나 주변의 도움으로 평생의 추억을 만들 수 있었다.

　알랭 드 보통이 《여행의 기술》에서 강조한 것처럼 색다른 공간을 경험하는 것만이 여행의 목적은 아니다. 발이 닿아 있는 장소가 중요한 게 아니라 받아들이는 마음이 훨씬 중요하다. 여행은 육중한 삶의 무게를 덜어내기 위한 수단이기도 하다. 낯선 곳에서 그동안 눈을 가렸던 고정관념과 함께 답답한 일상의 무게를 버리고 돌아오면 일상을 새롭게 시작할 수 있다.

　물론 여행이 늘 좋은 결말을 보장하는 것은 아니다. 여행도 우리의 삶과 같아서 계획대로 풀리지 않으며 높았던 기대만큼 깊은 실망에 빠질 수 있다. 그러나 오늘의 일정을 망쳐도 내일의 계획에 기회를 걸어보는 게 여행과 인생의 공통점이니 실망은 금물이다.

　지금 다시 시작해도 충분하다. 내 생활에 활기를 불어넣어줄 시간 투자로 접근해보자. 이런 투자가 앞으로 펼쳐질 내 인생의 나머지 절반을 풍요롭게 채워줄 '내용들'을 제공할 것이다.

매일 조금씩
꾸준히 하는 힘

　　　　　　　　　　　　　삶은 존재의 의미를 어디서

찾느냐에 따라 길이 갈린다.

　눈에 보이는 재산과 값비싼 물건에서 의미를 찾는다면
'have'의 삶이다. 직업이나 직위에서 만족을 느낀다면 'be'의 삶
이다. 많은 사람이 'have'와 'be'를 추구하며 산다. 언제나 더
많이 갖고 싶고, 멋진 모습으로 변하고 싶다.

　하지만 'do'의 삶을 사는 사람은 많지 않다. 매일 꾸준히 무
언가를 해야 하지만 결과가 눈에 분명히 드러나지 않기 때문이

다. 그러나 어제의 부족함을 반성하고 오늘 더 나은 삶을 살기 위해 나아가는, 'do'의 삶을 사는 사람들은 보이는 환경에 자족하지 않고 보이지 않는 가치를 통해 성장한다.

'have'와 'be'의 욕망에 정신없이 흔들렸던 시기를 지나 철이 조금 든 후에야 알았다. 영혼의 깊은 만족은 오로지 'do'를 통해서만 얻을 수 있다는 것을.

뭔가를 꾸준히 하며 그것에 때때로 몰입하는 것만 한 행복이 없다.

자존심
좀 상하면 어떤가

꽤 오래전의 일인데, 내 글의 애독자라는 사람으로부터 연락을 받았다. "중요한 이야기가 있으니 꼭 만나고 싶다"는 것이었다. 끈질긴 그의 부탁을 거절할 수 없어서 약속을 잡았다. 그는 이목구비가 뚜렷한 미남이었고 딱 맞는 피트의 슈트 맵시도 좋았다. 내가 살던 동네의 유명 사립 초등학교를 나왔다기에 따져보니 중학교 후배였고, 아이비리그 출신에 중국과 홍콩을 오가며 투자 사업을 한다고 소개했다.

그는 나에게 조만간 설립할 한국 법인의 사외 이사를 맡아 경영에 조언해달라고 부탁했다. 내가 IT 매체에 연재하던 칼럼을 빼놓지 않고 읽었으며, 한국에 진출하면 모셔야겠다고 진즉에 생각했다는 것이었다. 그러면서 사외 이사를 맡아주면 홍콩 본사의 주식을 액면가에 주겠다는 파격적인 제안도 했다. 내년에 홍콩과 상하이 증시에 상장하면 큰돈이 될 거라는 자신감도 내비쳤다. 놀라운 제안에 고맙다고 하자 그가 웃으며 말했다.

"글이나 쓰면서 만족할 분이 아니라고 생각했어요. 제가 제대로 본 거죠?"

혹시 내가 전에 사업을 하다가 망한 사실을 알고 일부러 자극하는 게 아닌가 싶었다. 기분이 상했지만 드러내지 않으려고 억지로 웃었다.

사기를 당하기 가장 쉬운 부류가 자존심이 강한 사람이다. 자존심이 강한 사람은 자신에게 좀처럼 만족하지 않으며 수치심에 민감하다. 부족한 점이 보일까 봐 속내를 드러내지 않는다. 사기꾼들은 그런 점을 집요하게 파고든다.

나는 남들이 사기 당했다는 소식을 들을 때마다 이런 생각을 했다.

'어떻게 그런 뻔한 소리에 속아서 그 큰돈을 갖다 바칠 수가 있을까?'

누구나 비슷할 것이다. 나는 그런 사람이 아니라는 생각.

하지만 이런 생각이야말로 쓸데없는 오만이었다는 것을 직접 겪어보고 알았다. 프로 사기꾼의 특기는 미끼를 멋지게 포장하는 데만 있는 게 아니었다. 오히려 피해자가 냉철한 상황 판단을 하지 못하도록 장님으로 만드는 데 있었다.

웬만한 사람은 자존심을 자극하면 거기에 신경 쓰느라 중요한 것을 놓친다. 자존심은 승부욕이나 명예욕과도 통하는 면이 있다. 지기 싫어서, 창피해서 때때로 목숨까지 거는 게 인간이다.

그를 두 번째 만난 곳은 한국 법인 사무실이 곧 입주한다는 빌딩이었다. 2호선 역삼역 앞의 멋진 빌딩으로, 많은 직장인들이 선망하는 곳이었다. 100평 규모의 빈 사무실에서 커피를 마시며 그가 투자했다는 회사들의 소개 자료를 살펴보았다. 알 만한 회사는 없었지만 다양한 포트폴리오를 가지고 있는 것 같았다. 그가 나에게 배정된 주식 인수 금액을 말해주었다. 부담스러운 금액이었다.

세 번째 만남은 한식당에서 부부 동반으로 이루어졌다. 그의 부인은 교포로, 머리부터 발끝까지 명품을 두르고 있었다. 한국말은 서툴다며 가끔 웃기만 했다.

그는 불쑥 돈 이야기부터 꺼냈다. 주식 인수 대금을 미국 달러로 결제해야 하는데 환전 수수료 부담을 줄이는 차원에서 자기가 알려주는 곳에 입금하면 된다고 했다. 무슨 소리인가 싶어 물어보려는데 아내가 테이블 아래서 발을 툭 찼다.

그들과 헤어지자마자 아내가 불만을 쏟아내기 시작했다.

"저 사람들 이상해. 뭐든 안 하는 게 좋겠어. 부인이라는 여자는 더 이상하고."

그때는 아내가 의심이 많고 눈썰미가 남다르다는 것을 충분히 알지 못한 시기였다. 아내는 왜 저런 사람과 어울리느냐고 잔소리를 시작했다. 저런 사람이라니? 무슨 의미인지 알 수 없어 되물었다. 아내 또한 명확한 근거를 제시하지는 못했다. 어쨌든 느낌이 이상하다고만 했다.

찜찜한 기분에 잠을 이루지 못했는데 온갖 생각들이 마침내 향한 곳은 하나였다.

'글이나 쓰면서 만족할 분이 아니라고 생각했어요. 제가 제대로 본 거죠?'

왜 나의 글을 좋아한다던 사람이 내 일을 우습게 보고 자존심을 건드린 걸까. 그리고 왜 그런 우스운 일을 하는 사람에게 상당한 이익을 챙겨주겠다는 걸까. 무엇보다도 그런 나에게 사외 이사를 맡기겠다는 이유를 찾을 수 없었다.

결국 문제의 한국 법인은 만들어지지 않았다. 얼마 후 그가 보여주었던 홍콩 본사 홈페이지를 찾아봤지만 이미 사라진 뒤였다. 그의 휴대폰 또한 사용이 중지된 번호로 바뀌어 있었다. 자칫하면 패가망신할 뻔했다는 생각에 소름이 끼쳤다. 누군가는 실제로 사기를 당했을지도 모른다.

아내에게 물었다.

"부인이라는 여자가 더 이상하다는 건 어떤 근거로 한 말이었어?"

아내가 잠깐 생각하더니 말했다.

"몰라. 그냥…. 어쩐지 안 어울리잖아. 머리부터 발끝까지 힘줘서 꾸민 것들이 하나하나 부자연스러웠어…."

생각하기에 따라 아무것도 아닐 수 있는 느낌이었다. 그런데 이런 느낌이 우리를 치명적인 위험으로부터 구해줄 때도 있다. 앞뒤가 딱딱 맞음에도 불구하고 어쩐지 이상한 느낌이 든다면 말이다.

거짓된 사람과 거짓된 상황 속을 혼란스럽게 지나며 하나 확실하게 알게 된 진실이 있었다. 바로 나 자신에 대한 진실이었다.

나란 존재는 여전히 많이 부족한 인간이었다. 나를 알아봐주는 사람이 나타나자 유혹 속으로 스스로 걸어 들어갔다. 자존심을 건드리자 속내를 들키지 않으려고 더 깊이 들어섰다. 과거의 실패를 단번에 만회해보려는 욕심도 있었을 것이다.

아찔했던 그 일을 계기로 내 인생의 그릇에 대해 생각했다. 그때의 나는 남들이 가진 것들, 돈이나 능력, 명성, 감각, 건강, 인맥 같은 것들을 나도 가져야 한다는 생각 때문에 얼마나 힘겨워했던가.

욕심이 그릇을 넘치는 순간 악마는 언제라도 다시 나타나 이렇게 말할 것이다.

"당신이 겨우 이런 일이나 하면서 살 사람은 아닌데 말이죠."

그때 나는 당당하게 유혹을 뿌리칠 수 있을까.

"그러든 말든 내버려 둬. 내 인생은 내가 알아서 할 테니까."

그럴 수 있기를 바란다.

사내 권력 투쟁의
승자는 언제나 정해져 있다

어디서도 절대로 만나고 싶지 않은 유형의 사람이 있다. 권력을 맹수처럼 추구하는 사람이다.

"사내자식이 그게 뭐야? 그래서 어디 출세나 하겠어?"

애송이 기자 시절, 다른 부서 선배에게 그런 지적을 받았다. 출세라고? 나는 대놓고 그런 말을 하는 선배를 이해할 수 없었다.

그는 내가 자기를 마뜩잖게 여기는 것을 알았던 걸까. 그때는 내 감정을 잘 숨기고 있다고 생각했는데 나중에 책을 읽다 알았다. 누군가에게 불편한 감정을 가지고 있으면 애써 아닌 척해도 말투나 행동, 눈빛 등으로 속마음이 상대방에게 전해진다는 것을.

나는 그를 싫어했지만 그는 확실히 대단한 사람이었다. 그 당시 경력이 10년도 안 됐는데 일찌감치 권력 투쟁을 '본능적으로' 준비한 것부터가 그랬다. '사내자식이' 운운하며 나를 툭툭 건드려본 것도 자기 라인에 편입시켜야 할지 말지 반응을 읽으려 했던 것이었다.

나는 웬만하면 사람을 미워하지 않으려고 노력했다. 그가 싫은 게 아니라 그의 주장이나 행동이 싫을 뿐이고, 그가 두려운 게 아니라 그가 가진 위험성을 두려워하는 거라고 생각하려고 했다. 하지만 선배에게는 어떤 노력도 쓸모없었다. 노력을 할수록 더더욱 싫고 두려웠다.

한번은 그가 다른 선배에게 모욕을 주는 것을 보니 속에서 화가 치밀었다.

"너 같은 빙충이가 어떻게 여기까지 왔나 모르겠다. 목 위에 있는 거, 남들은 머리라고 하는데 너한테는 장식품이냐? 이 돌대가리야!"

별걸 다 트집 잡고는 보란 듯이 후배들 앞에서 퍼부었다. 파벌의 일원이 되기를 거부하자 일찌감치 쳐내려고 그랬던 것 같

다. 모욕을 당한 선배는 실제로 얼마 지나지 않아 다른 회사로
자리를 옮겼다.

맹수 같은 선배들에게 권력 투쟁과 사내 정치는 필요악이라
기보다 현실적인 선택 그 자체다. 그들은 말 그대로 수단과 방
법을 가리지 않는다.

나는 일만 잘하면 된다고 생각했다. 그러나 세상일이라는 것
이 내 일만 잘한다고 풀리지 않을 수 있다는 걸 나중에 알았다.
더구나 권력 투쟁은 나의 능력이나 의지에 상관없이 일상적으
로 벌어지는 일이기도 했다.

사내 권력 투쟁의 승자는 언제나 정해져 있다. 권력에 목숨을
건 사람의 선택과 행동은 평범한 사람이 따라하거나 맞설 수
있는 수준이 아니다. 권력에 집착하는 이들을 악으로 규정하는
것은 아니다. 인생에 절대적 진리란 거의 없으니 말이다.

다만 남들 위에서 권력을 휘두르며 자기 삶의 의미를 찾으려
는 사람들과 지내는 것이 쉬운 일은 아니다. 그들과 함께 지내
는 현실적인 방법은 그들 사이를 유유하게 흘러간다는 느낌으
로 살아가는 것 아닐까.

일찌감치 권력 투쟁에 눈을 뜬 선배는 그 후에도 수많은 경
쟁자들과 승부를 벌였다. 승승장구를 거듭했으나 대수롭지 않

게 여겼던 후배에게 일격을 당하고는 한동안 패배의 늪에서 허덕였다. 하지만 그가 누군가. 권력의 화신 아니었나. 결국 오랫동안 공을 들인 상층부에서 내려준 동아줄을 잡고 다시 솟구쳐 올랐다. 지금은 자신의 출세를 격하게 실감할 만한 자리에 앉아 있다.

하지만 얻는 게 있으면 잃는 것도 있다. 선배나 동료를 밟고 올라가다 보면 친구를 잃고 적을 얻는다. 한 계단씩 오를 때마다 필연적으로 외로워진다. 고위직이라면 나의 승진이 경쟁자들의 동시 퇴진을 의미한다. 옛 동료들이 아무도 남지 않는 고층 건물의 넓은 집무실에서 홀로 창밖을 멍하니 바라보는 시간이 늘어난다.

성공의 계단에서 미끄러지듯 내려오고 나면 주위에 정말 아무도 없음을 절감한다. 오로지 권력 투쟁에 전념해 살아오느라 돌보지 못했던 가족의 차가운 반응과도 마주해야 한다. "내가 누구 때문에 이렇게 힘들게 살아왔는데!" 하고 분노를 토해낸들 이해해주는 이는 없다. 아내가 남편을, 아이들이 아버지를 절실히 필요로 할 때 기대하던 역할을 해주지 못했으니까.

외로움뿐 아니라, 권력 투쟁에 동전의 앞뒷면처럼 붙어 있는 것이 비굴함 아닐까 한다. 권력을 바짝 좇는 사람들을 보면 저렇게까지 해야 하나 싶을 정도로 권력자에게 비굴하게 군다.

한편으로는 그게 직장인의 비극이란 생각도 든다. 직장에서 살아남은 자, 누가 비굴함으로부터 자유로울 수 있을까. 다만 권력에 목숨을 거는 이들은 비굴함이 후안무치할 정도라는 차이가 있을 뿐이다.

나의 아버지, 형제들, 선배들 모두 비굴했기에 가족을 먹여 살릴 수 있었을 것이다. 그러니까 비굴함은 생명력이기도 하다. 오로지 부끄러워할 일은 아니라는 생각도 든다.

현실적
비관론자

우리 모두는 흔들리는 존재들이기에 자신에 대해 끝없이 의심한다. 자신의 선택에 대한 확신이 없기에 늘 주위로부터 긍정적인 피드백과 따뜻한 격려를 받고 싶어 한다. 그것은 나이가 들어도 여전하다.

미국에 사는 여자 동창생이 가족과 함께 지중해 크루즈 여행 중이라고 SNS에 글을 올렸다. 이탈리아의 유적과 도시 사진이 줄줄이 올라왔다. 나는 "부럽다"고 답글을 달았다. 그런데 그녀가 예상 밖의 불만을 토로했다.

"피자랑 파스타만 먹다 보니 질렸어. 냄새만 맡아도 토할 것 같아."

여행의 불편함과 부족한 점에 대한 투정이 길게 이어졌다. 그녀는 나에게 어떤 반응을 원했던 걸까. 모두의 부러움을 살 만한 상황이지만 그럼에도 불구하고 어떤 확인을 받고 싶었던 것은 아닐까. 한국에서 원고를 쓰느라 12시간씩 컴퓨터 앞에 앉아 있는 나에게 말이다.

똑같은 상황에 처해도 반응은 각기 다르기 마련이다. 어떤 사람은 기대치를 0에 두고, 또 어떤 사람은 기대치를 100으로 둔다.

웬만한 일을 0의 기준에서 보면 아주 작은 만족이라도 없는 것보다 낫게 느껴진다. 나는 친구들이 해외여행을 가면 사진을 많이 보내달라고 한다. 아마추어가 촬영한 사진이 인터넷에서 볼 수 있는 프로들의 풍경사진에 비해 나을 리 없지만 생생함이 살아 있어, 보는 재미가 쏠쏠하다.

반면 기대치를 100에서 시작하는 사람은 좋은 점보다 부족한 점을 먼저 찾는다. 세상에는 점수를 깎을 일밖에 없는 것이다.

100을 기준으로 사는 사람과 0을 기준으로 사는 사람은 삶에 대한 만족도가 다를 수밖에 없다. 하지만 어느 쪽이 낫다고 잘라 말하기는 어렵다.

　나는 어렸을 적부터 비관론자였다. 웬만한 일에는 '그렇게 쉽게 풀릴 리가 있겠어?' 하고 생각했다. 그러면서도 한편으로는 '세상은 공평하지 않다'는 말에 짜증 냈다. 남들에게 있으나 내게는 없는 것들에 분노할 때도 많았다.

　하지만 인생의 중반을 지나면서 비관론이 약간 틀어지기 시작했고 오히려 그것이 생활에 도움이 될 때가 많아졌다. '무쓸모의 쓸모'라는 역설처럼 비관론이 묘하게 긍정적인 태도를 불러일으키는 것이었다.

　안 좋은 게 당연하다는 관점으로 세상을 보니 의외로 좋은 일들을 많이 발견할 수 있었다. 비관론자 입장에서 당연히 좋아야 하는 것들은 세상에 별로 없기 마련이다. 그러다 보니 일이든 취미든 어울림이든 없던 기대에 비해서는 늘 기분 좋은 성과를 누렸다.

　반면 지중해를 여행한 동창은 좋은 게 당연하다는 관점으로 살아가다 보니 부족한 것들이 유독 눈에 많이 들어왔을 것이다. 햇볕도 뜨겁고 쓰레기도 많고 예상 외로 볼 게 없었다는 것이 그녀의 불만이었다.

　"여행이고 뭐고 피곤해서 빨리 집에 돌아가고 싶어."

비관론이 인생을 긍정적으로 바라보게 하면서 당연함의 기준도 크게 달라졌다.

전에는 친한 이의 부탁을 받으면 거절하지 못하는 게 당연했다. 원하지 않는 제안에 응해놓고는 사나흘을 끙끙 앓았다. 하지만 이제는 가까운 이가 부탁을 해도 받아들이기 어려우면 두말없이 거절한다. 상대가 서운해도 어쩔 수 없는 일이라고 생각한다. 상대로 하여금 쓸데없는 기대를 품지 않게 하는 것 또한 그를 위한 배려가 될 수도 있다.

나는 이런 관점에 '현실주의적 비관론'이라는 이름을 붙였다. 이 관점을 내 삶의 자세로 받아들인 후로는 욕심 부릴 일도 크게 줄었고 쓸데없는 유혹에는 단호해져 마음이 편해졌다.

비관론이든 낙관론이든 자기에게 맞는 삶의 태도를 찾는 게 우선이다. 어떠한 관점이든 나름의 관점이 현실주의에 뿌리를 내리면 좋은 점들이 꽤 있다. 각자 누릴 수 있는 행복의 범위를 각자의 스타일대로 정해갈 수 있는 것이다.

자신을 소중히 여기지 않은 대가

첫 직장이었던 신문사는 광화문에 있었다. 내가 일하던 10년 동안 일곱 명의 기자가 재직 중에 죽었다. 한 명은 교통사고였고 나머지 여섯 명은 간 질환이었다. 놀라운 점은 그들 여섯 명 모두 남성에 싱글이었다는 것이다.

술자리가 잦았던 특유의 문화가 싱글들에게 더욱 환영을 받았고, 모두들 회사의 전통을 목숨 걸고 지킬 의무라도 있는 것처럼 술을 마셔댔다. 나의 경우 다행인지 불행인지 다른 병을

심하게 앓느라 한동안 술을 멀리하는 바람에 목숨을 부지할 수 있었다.

아프기 전에는 하루 종일 술을 달고 살았다. 당직을 위해 회사로 출근하는 날에는 커피를 들이부어 어제 마신 술의 숙취를 중화하는 게 오전의 중요한 일과였다. 점심 즈음에 술이 겨우 깰 만하면 또 술이었다. 그렇게 마시고도 할 일은 했다. 그러니 간이 더욱 혹사당했을 것이다.

그런데 왜 싱글들만 간 때문에 명을 달리한 것일까.

한 선배가 신문사의 터에 전해져 오는 비밀을 알려주었다. 길 건너편 경복궁과 연관된 이야기였다.

"조선시대를 통틀어 경복궁에 궁녀들이 얼마나 많았겠어? 평생 결혼도 못 하고 나이가 들다 보니 다들 이런저런 사정이 있었겠지. 비빈 간의 암투에 휘말리기도 했을 테고…. 요 앞에 '동십자각' 있지? 궁궐에서 나오는 쪽문이 그 옆에 있었다고 해. 궁녀들이 그 쪽문으로 한밤에 슬며시 나와서는 여기 신문사 자리로 온 거지. 요 일대가 야트막한 언덕이잖아. 여기서 목을 맨 거야. 그러니까 한마디로 목매 죽은 궁녀들의 원혼이 총각들만 골라서 끌어당긴 것이지…."

진위 여부는 확인할 수 없으나 그럴듯한 이야기였다.

몸을 혹사시키고 돌보지 않은 대가는 언제든 치르게 되어 있다. 묵묵히 일만 해온 간이라면 더욱 그렇다. 건강할 때 건강을 챙기지 않으면 혹사당한 내 몸이 언제 불시에 뒤통수를 때릴지 모른다. 누가 알겠는가. '아직은 괜찮다'고 자신하다가 꿈에서 궁녀와 정면으로 마주할지.

지금은 광화문 앞 신문사 자리에 다른 건물이 들어서 있다. 그 건물에서 일하는 싱글 남성들의 간은 어떨지 모르겠다.

캔디가
사랑받는 이유

《캔디》를 읽거나 보지 않은 여성은 있어도, 보고도 좋아하지 않는 여성은 없을 것이다. 두 여성이 캔디를 소재로 이야기하는 모습을 옆에서 지켜본 적이 있다.

"초등학교 때였나? 그때는 내가 캔디 같다고 생각했어. 내 친구가 캔디의 친구 패티고…. 그런데 그 애도 똑같은 생각을 했다는 거야. '내가 캔디고 네가 패티잖아' 하면서. 얼마나 기가 막히던지…."

"어머나! 저도 친구랑 그랬던 적이 있어요."

만화 주인공 캔디는 평범하지만 사랑스러운 존재다. 악역을 제외한 모든 등장인물들에게 특별한 사랑을 받는다. 요즘 드라마의 여주인공들도 그렇다. 평범하면서도 조금 특별한 캐릭터가 특출난 캐릭터보다 더 사랑받는다.

평범한 내게도 특별함에 대한 동경이 있었다. 신입 시절, 하루빨리 회사에서 중요한 일을 맡고 싶었다. 하지만 내게 맡겨진 일들은 거의 잡일 수준이었다. 이런 일을 하려고 회사에 들어온 게 아닌데… 작은 일을 하찮고 쉽게 보는 태도 때문에 선배들이 내게 중요한 일을 맡기지 않았다는 사실은 뒤늦게 알았다.

누구나 특별한 사람이고 싶어 한다. 가능만 하다면 더 많은 사람으로부터 주인공 대접을 받고 싶어 한다.

하지만 주인공 노릇은 생각처럼 쉽지 않다. 조명의 한가운데 서는 것부터가 평범한 사람에게는 견디기 어려운 압박이다.

한 인터넷 서점의 동영상 인터뷰에 응했다가 내가 얼마나 평범한, 아니 어쩌면 그 정도도 안 되는 사람이었는지 깨달았다. 인터뷰 전, 서점에서 참고하라고 보내준 다른 저자들의 동영상 인터뷰를 보았다. 그다지 어려울 것 같지 않았다. 방송인이나 인기 강사가 아닌 저자들은 생각보다 어눌하고 어색하게 인터뷰했다. 그 정도면 나도 할 수 있겠다는 자신이 들었다.

그런데 인터뷰 당일, 나는 스튜디오에서 인터뷰 담당자들을 총체적 난국에 빠뜨리고 말았다. 간단한 설명을 촬영하는 데 수십 번 NG를 내자 제작감독의 한숨 소리에서, 실망감을 넘어선 분노가 느껴졌다. 비지땀만 쏟다가 촬영을 건성으로 마쳤다. 결국 인터뷰는 서점 홈페이지에 실리지도 못했다. 아무리 편집을 하고 짜내도 쓸 만한 분량을 건지지 못했을 것이다. 어눌하게 보였던 출연자들도 나보다는 훨씬 특별한 사람들이었다.

우리들 대부분은 카메라 뒤쪽의 존재다. 주로 남을 보는 관점으로 살아간다. 셀프 사진을 찍는 게 일상이라 카메라 앞에서 자연스러울 것 같지만 막상 전문가가 인터뷰 카메라를 들이밀면 평정심을 잃는 게 대부분이다. 연예인이나 인기 강사 수준의 자연스러움은 꿈도 못 꿀 일이다. 편집을 거친 유려한 인터뷰만 보고 있기 때문에 웬만하면 다들 그렇게 할 수 있을 것처럼 보일 뿐이다.

나는 '평범한 인생이 좋은 인생'이라는 생각으로 특별하지 못한 나를 합리화했다.

평범하기에 남들로부터 견제당할 일이 적었고 다양한 사람들과 두루 어울릴 수 있었다. 평범하기에 주위 사람들이 나의 의중을 파악해 세심하게 배려해주었다. 바라는 것도 평범한 수준이기에 책 한 권에 음악 CD 몇 장이면 별 불만 없이 시간을 보냈다.

삶에서 중요한 것은 다른 사람에게 특별한 존재로 여겨지는 것보다 내가 내 인생에 얼마나 만족하는가가 아닐까. 공자가 강조했던 중용 또한 어느 쪽에도 치우치지 않는다는 측면에서 평범함에 가까울 것이다.

캔디가 사랑받은 이유를 알겠다. 평범한 소녀들이 자신의 익숙한 모습을 캔디에게서 발견하기 때문일 것이다. 평범하지만 사랑받는 그녀, 시련에 맞설 때는 강인함을 드러내는 그녀를 통해 자신을 돌아보고 다짐할 수 있었을 것이다. 그게 캔디의 특별한 매력이었다.

그 어떤 평범함 속에도 나름의 특별함은 있기 마련이다. 평범함과 특별함을 어떻게 조화시켜 나만의 색채를 발현할 것인가. 누구에게나 주어진 평생의 숙제일 것이다.

이별이 이별하는
법을 알려준다

　　　　　　　　　어려서 겪은 이별의 상처는
회복이 빨랐다. 가까웠던 친구가 전학을 가도 금방 잊고 다른
친구와 어울릴 수 있었다. 하지만 이상하게도 나이가 들면서
이별이 생각만큼 쉽지 않다는 것을 깨닫는다.

　회사와의 이별도 그렇다. 불가피한 이유로 회사를 떠나야 할
일은 언제라도 생길 수 있다. 특히 준비가 되지 않은 상태에서
이별을 통보받았다면 마음이 좀처럼 정리되지 않는다. 미련과
아쉬움 심지어 배신감마저 느낀다. 스스로 소속된 곳이 없는

존재라는 생각이 마음에 휑한 구멍이 뚫린다.

첫 직장을 그만두기 전, 나는 퇴사를 별것 아닌 일로 여기려했다. 의식적으로 실망스러운 일, 짜증이 났던 일들만 거듭 떠올렸다. 그런데도 이별의 파장은 시간이 갈수록 커졌고 송별모임에서 정점에 달했다. 회사와 팀을 떠나는 일이 나에게 크나큰 상실임을 그제야 알았다. 10년이나 함께했던 세월을 통째로잃는 듯한 슬픔이 찾아왔다. 슬픔은 이내 후회와 죄책감으로바뀌었다.

시간이 상당히 흐른 뒤에야 나만 그런 것은 아니라는 걸 알았다. 적지 않은 사람들이 직장을 그만둔 뒤에 건강을 잃거나우울증에 시달린다. 은퇴와 동시에 삶의 목적을 잃어 백발로변한 선배도 본 적이 있다.

이별이 이별하는 법을 알려준다. 나중에 다른 회사에서 이직을 경험하며 조금은 편안하게 회사와 이별하는 방법을 익힐 수있었다. 일단 회사를 그만두기 전에 나름의 방법을 찾아보는것도 좋다. 그래야 이별이 수월하다.

퇴사를 생각할 만큼 회사 생활이 힘들면 다른 새로운 관계나 취미 활동을 통해 기분을 전환해본다. 나의 경우는 자전거동호회에 가입해 정기적으로 함께 달렸다. 낯선 사람들과 어울리며 회사와 거리를 두니 여러 가지 생각을 객관적으로 정리할 수 있었다.

처음에는 회사만 그만두면 살 것 같았다. 하지만 막상 그만 두자니 두려웠다. 다시 기회를 얻지 못할까 봐, 식구들이 실망할까 봐, 경제적인 어려움에 처할까 봐, 남들이 우습게 볼까 봐….

그럼에도 분명한 것은 회사를 다녀야 할 이유보다 그만둬야 할 이유가 많았다는 것이었다. 첫 번째 이유는 성장하지 못한 채 조직에 버티고만 있다는 무력감이었다. 하루하루 버텨내는 생활을 반복해봐야 시간 낭비에 인생 낭비일 뿐이었다. 두 번째 는 선배들에게서 내가 닮고 싶은 모습을 발견할 수 없었다는 점이었다. 따르고 싶은 선배들은 경쟁에서 밀려 회사를 떠났다. 남은 이는 권력 투쟁과 줄 대기에 골몰하는 선배들뿐이었다. 나 또한 살아남기 위해서는 그런 모습을 취해야 할 것이다. 세 번째 이유는 회사가 직원들을 대하는 태도였다. 회사는 직원들 이 연휴에 연차를 연달아 붙이는 휴가 계획에까지 제동을 걸려 했다. 중간 간부였던 나는 그런 일에 협력하고 싶지 않았다.

이유가 분명해지자 결심이 섰고 사표를 낼 생각에 조금은 행복해졌다. 미래는 불투명했지만 어떻게든 만들어갈 수 있을 거라는 믿음을 갖기로 했다.

사표를 내기 전에는 직속 상사에게 미리 의사를 밝히고 휴가를 신청했다. 철 지나 한산해진 바닷가를 걷거나 온천에 몸을 담그며 쉬는 것으로 남아 있던 불편감을 가라앉혔다.

5시 20분으로 맞춰두었던 휴대폰의 알람을 해제하는 것으로 나는 회사를 벗어나, 있는 그대로의 내가 되었다. 결론적으로 적응기를 갖고 다양한 곳에 관심을 분산시키면서 회사와의 이별을 감당할 수 있었다. 순조로운 과정이었다.

회사와는 이별했지만 동료들과는 헤어지지 않았다. 친하게 지냈던 후배들과는 지금도 정기적으로 만난다.

삶은 헤어짐의 연속이기에 누군가와의 이별은 두고두고 후회가 된다. 헤어지기만 하면 후련할 것 같았던 사람도 막상 헤어지면 그렇지 않을 때도 있다.

헤어지고 후회하고 아파하기를 반복하며 오늘 여기까지 왔다. 이별을 걸머지고 오늘까지 걸어온 힘으로 또 한 번의 이별을 견뎌낸다.

회사의 성과를
나의 실력으로 착각하지 마라

"회사 그만두고 다른 일을 해

볼까?"

금융권에서 일하는 친구가 느닷없이 말했다. 어차피 승진해

봐야 임원이 되기는 어려울 것 같으니 회사에서 좋은 조건을

제시할 때 사표를 내고 다른 일을 찾는 게 낫지 않겠냐는 말이

었다.

창업을 생각하고 조기 퇴직을 염두에 두는 이들이 의외로 많

다. 승진 경쟁에서 밀리면 어차피 퇴사 압력이 높아질 것이기

때문에 그 전에 내 발로 회사를 나와 다른 성공을 이뤄보고 싶은 마음일 것이다.

친구에게 어떤 일을 할 생각이냐고 묻자 빤한 대답이 돌아왔다. "그건 이제 찾아봐야지. 치킨집이라도 하면 되잖아."

넉넉지 않은 자본에, 가족의 일손만으로 시작할 수 있으니 모두가 자영업에 뛰어든다. '하다못해 치킨집이라도'라는 말이 그냥 나온 것이 아니다. 나름의 경력을 쌓고 사람과 돈을 움직여봤기 때문에 자영업도 내가 하면 다를 거라고 만만하게 생각한다.

하지만 자신 있게 시작한 자영업에서 실패를 겪는 일은 허다하다. 정부 고위 관료 출신이었던 한 남성도 아파트 밀집 지역에 유행하던 체인 음식점을 개업했다. 음식점은 히트를 쳤다. 대기 손님이 장사진을 칠 정도였다.

그러나 유행은 지나가기 마련이다. 음식점을 찾던 손님들은 얼마 안 가 다른 유행을 좇기 시작했다. 손님이 급속도로 줄었다. 매출이 나지 않으니 비용 절감 차원에서 직원의 상당수를 아르바이트로 대체했다. 그 결과, 서비스의 질이 떨어지는 바람에 손님의 항의를 받는 일이 늘었다. 좋지 않은 평판이 확산되며 경영난은 가중됐다.

이런 사례는 흔하다. 직장에서 큰 성취를 이뤄본 사람이 흔히 빠질 수 있는 자신감의 함정인 것이다. 이전의 성취는 인력과 자금, 노하우, 설비 등 회사의 경영 지원이 있었기에 가능했던 것인데 전부 자기 실력이었다고 착각하는 것이다. 게다가 높은 자리에 올랐던 사람일수록 건재함을 하루속히 입증하려는 의욕에 마음이 급하다. 자신의 생각을 뒷받침하는 정보를 접하면 지나치게 의미 부여하려는 경향이 나타난다. 조급한 나머지 몇 년을 준비하고 조사한 뒤에 시작해도 불투명한 사업을 쉽게 생각하고 밀어붙인다.

나는 창업을 생각하는 친구들에게 "갭 이어(Gap year)를 갖고 천천히 둘러보는 게 어떻겠냐"고 권한다. 섣불리 사업에 달려들었다가 크지도 않은 코를 심하게 다친 경험 때문이다.

갭 이어란 학업을 잠시 중단하거나 진학을 유예하고 여행이나 진로 탐색, 인턴 등의 다양한 활동을 체험해 향후 나아갈 방향을 알아보는 시간을 뜻한다. 영국을 포함한 일부 서구 국가에서는 학생들이 고등학교를 졸업하면 바로 대학에 진학하지 않고 1년 정도의 갭 이어를 갖는 경우가 많다.

빨리 성공해야 한다는 강박에 사로잡혀 나중에 후회할지 모를 일을 시작하기보다는 무료해도 빈둥빈둥 시간을 보내는 편이 백번 낫다. 당분간 아무 계획이 없다고 솔직하게 말하는 것이 오히려 진정한 자신감일 수 있는 것이다.

게다가 회사를 오래 다니며 열심히 일했다면 또 다른 시작을 앞두고 아무것도 안 할 자유를 한 번쯤은 누려도 좋지 않을까.

여유가 있어야 세상을 객관적으로 볼 수 있다. 부추기는 사람들과 조급한 마음 때문에 성급하게 미끼를 덥석 물었다가는 잘못된 선택을 하기 쉽다.

관료 출신의 체인점 사장은 사업을 정리하면서도 진이 빠졌다. 식당은 철거했으나 선뜻 들어오려는 사람이 없으니 권리금을 회수할 수 없었다. 건물주와 서로를 탓하며 허송세월을 하는 사이에 보증금은 묶였고 권리금 조정 가격은 떨어져만 갔다. 결국에는 울며 겨자 먹기로 상당한 손해를 감수해야만 했다.

나이가 들수록 세상에는 절대적인 진리도, 불변의 믿음도 존재하기 어렵다는 것을 알게 된다. 모든 현상에는 앞면과 뒷면이 공존한다. 그리고 때로는 앞면보다 뒷면을 눈여겨볼 필요가 있다. 흔히 지나치는 뒷면에 본질이 숨어 있을 수 있기 때문이다.

자기 몫 챙기기에 여념이 없는 체인점 본사나 건물주도 문제이지만, 비이성적인 권리금과 월세에도 불구하고 "나는 성공할 수 있다"는 근거 없는 믿음으로 창업했던 사장 역시 좋은 선택을 했다고 보기는 어렵다.

우리나라의 3년 이내 자영업 실패율은 50퍼센트에 달한다. 절반이 3년도 못 가 망하는 것이다. 한 자리에서 오랫동안 성공을 이어가는 경우는 사실 매우 드물다. 그런데 그런 가게들만 보면서 성공을 쉽게 꿈꾼다면 헛수고만 할 가능성이 크다.

언제 뛰어들지 모를 창업에 대해 친구들과 이야기를 나누며 정리한 주의사항이 있다.

창업을 하고 싶다면 첫째, 나의 핵심 역량에서 아이템을 찾는다. 삼십 대 후반이라면 한 직종에서 10년은 일한 셈이니 나만의 무기를 이미 가지고 있을 것이다. 그중 핵심 무기는 어떤 것인지(영업, 마케팅, 경리, 기획, 개발, 서비스 등) 판단하고 이를 중심으로 창업을 모색한다.

둘째, 뛰어들기 전에 충분한 계획부터 세운다. 살아남는 사람들은 성공을 담보하고 시작한다. 직장 생활을 하면서 최소 1~2년의 시장 조사를 마친 후 계획을 세우고 필요한 기술을 익혀놓는다. 그래야만 성공의 가능성이 높아진다. 퇴근 후나 주말에 시간을 내어 관련 업종을 직접 경험해보는 게 좋다.

셋째, 밑바닥에서 다시 시작할 용기가 없다면 꿈꾸지 마라. 직함은 회사에 버리고 나온다. 회사에서 잘나가던 사람일수록 창업을 한 뒤에도 눈높이를 낮추지 못하는 경향이 있다. 고객

을 무심코 '내려다보다가'는 낭패를 당한다. 어린 고객의 사소
한 불만에도 진심으로 귀 기울여야 하는 게 자영업이다.

내가 나의
버팀목이다

옮겨 심은 나무가 낯선 곳에 자리를 잡을 때까지 도와주는 게 버팀목이다. 버팀목이 튼튼해야 태풍이 불어도 넘어지지 않고 뿌리를 굳게 내릴 수 있다.

나무와 버팀목이 서로 의지하는 모습은 거친 세상 풍파에 함께 맞서는 우리네 사는 풍경과도 비슷하다. 삶의 태풍은 철을 가리지 않고 몰아친다. 그래서 나무보다 더 든든한 버팀목이 필요하다.

사람 사이에는 '고독'이라는 버팀목이 근간이다. 남에게 의존

해서는 자신의 힘으로 뿌리를 내릴 수 없으니 가장 든든한 버
팀목은 바로 나 자신이 되어야 한다.

나 없는
내 인생

노후는 아무리 신경 써서 준비해도 막상 닥치면 만족하기 쉽지 않다고 한다. 하물며 품위 있고 존경까지 받는 노후를 산다는 것은 매우 어려운 일이다.

어떤 노인들을 보면 '저렇게 나이 들고 싶지 않다'는 생각이 든다. 나는 특히 그런 생각을 자주하는데, 그 대상이 바로 나의 어머니이기 때문이다.

어머니는 끝없이 집안일을 만드셨다. 집 안팎에서 종류별 푸성귀를 재배하는가 하면 김치를 계절마다 만드는 게 취미였다.

아파트로 집을 옮기고 나서야 재배 활동이 중단됐다.

아버지가 TV를 싫어하셨듯 어머니는 외식을 싫어하셨다. 나가서 먹는 음식은 비싸기만 하고 건강에도 좋지 않다는 게 그 이유였다. 그래서 매 끼니 손수 만든 음식을 가족에게 먹여야만 직성이 풀렸다.

그게 어머니 방식의 소일거리이자 사는 재미였을 것이다. 우리는 의미 있는 일을 하거나 남을 위한 기여를 할 때 보람을 느낀다. 어머니는 가족을 위한 노동과 희생에서 그 보람을 찾으셨다. 문제는 어머니가 그런 것에 당신 인생의 의미까지 부여하려 했다는 점이다.

대다수의 어머니들은 자신의 방식으로 사랑을 베풀려 하지만 자녀들은 과거의 방식을 따르려 하지 않는다. 그래서 자신에게 중요한 것을 꼭 전해주고 싶은 어머니와 필요 없는 것을 받지 않으려는 자녀 사이에 갈등이 빚어진다. 예를 들면 이런 식이다.

"막내야, 김치 떨어졌지? 오늘 퇴근하면서 네 처랑 같이 집에 들러서 김치 가져가라. 저녁도 먹고."

"어휴~ 매일 야근인데 들를 시간이 어디 있어요? 그리고 김치는 필요 없어요. 집에서 밥 먹을 시간도 없고⋯. 저희 김치 안 좋아하는 거 아시잖아요."

많은 어머니들이 가족을 보살피는 데서 삶의 재미와 보람을 찾다 보니 가족의 반응에 의해 어머니 자신이 휘둘리는 처지가 되고 만다. 손수 만든 김치를 아들이 거절하면 어머니는 깊은 실망에 빠진다.

'나쁜 자식…. 엄마를 배신하다니.'

이런 일이 쌓이다 보니 연세가 지긋한 나의 어머니는 틈만 나면 노여움을 품고 말씀하신다.

"평생 이렇게 고생만 하다가 죽게 생겼어."

어머니의 희생을 미덕으로 칭송하면 마음이 편해질지도 모른다. 하지만 그런다고 어머니의 회한이 기쁨과 보람으로 바뀌는 것은 아니다.

경제적 노후 대비만큼 중요한 게 정신적 노후 대비가 아닐까 싶다. 내면의 깊은 만족은 누가 대신 채워줄 수 있는 게 아니다. 상당 수준의 계발과 훈련을 거쳐야만 이를 수 있는 경지다. 한데 어머니들 방식의 소일거리 정도로는 정신적 욕구를 충족시킬 수 없다.

우리는 어머니를 위해 도우미 서비스를 여러 번 시도했지만 어머니의 강력한 반대로 번번이 실패했다. 자식들의 돈이 아까워서 그러시는 줄 알았는데 그런 것만도 아니었다.

'하실 줄 아는 게 그것밖에 없는' 어머니로서는 자기 존재를 증명할 일을 차마 놓을 수 없었던 것이다. 고생만 하다가 죽을 게 원통하지만 그렇다고 집안일에서 손을 떼지도 못하는 어머니의 딜레마였다.

우리라고 어머니 세대와 크게 다르지 않다. 석·박사 학위까지 따고도 자기 존재의 의미를 찾지 못하고 헤매는 이가 많다. 이들의 공통점은 '내 인생이 없다'는 것이다.

'나다운 삶'을 살아가는 훈련이 안 되어 있으면 배우자나 자녀, 친구에게 의지하는 경향이 커진다. 그를 위해 희생하고 그 대가를 인정과 애정으로 돌려받고 싶어 한다. 그러나 상대가 원치 않았던 희생이라면 어떤 것도 기대하기 어렵다. 헛된 노력이 거듭될수록 구차해진다.

사람들이 자기 마음을 알아주기를 원하지만 자기도 모르는 마음을 남이 알 수는 없다. 결국 정신적 공허를 달랠 길은 없고 채워지지 않은 마음에 분노가 쌓인다.

나는 화를 품은 채 나이 들고 싶지 않다. 그리고 경제적으로 가난한 노후를 맞는 것보다 마음이 가난해질까 봐 더욱 두렵다. 인생의 의미를 스스로 발견하지 못하는 삶은 빈약하다. 내 것이 아닌 남의 행복을 흉내 내며 살다가 진짜로 원하는 것이 무엇인지 알지 못한 채 죽는다. 끝내 가족들에게조차 이해받지 못할 수도 있다.

노후는 인생 중반전을 어떻게 살아가느냐에 달려 있기도 하다. 어머니가 그 시절에 다양한 자기 발전의 기회를 가졌더라면 지금보다는 훨씬 풍요로운 일상을 보내셨을 수도 있다.

이제는 어머니의 시대와는 다른 세상이다. 주변의 눈치를 보지 않고 혼자 해볼 수 있는 선택들이 많다. 형편이 부족하면 부족한 대로 나름의 품위 있는 생활을 즐길 수 있다. 찾아보면 무료 음악회나 전시회도 많고 특색 있는 문화 행사도 수시로 열린다. 책을 살 돈이 부족하면 중고서점이나 도서관을 이용할 수도 있다. 다양한 시도를 통해 다양한 감정을 맞딱뜨려야 나에 대해 알 수 있다.

나는 어머니를 반면교사 삼아 어디서든 '나의 즐거움'을 찾는 안목을 키우려 노력한다. 많은 것을 경험하고 작은 능력이라도 끊임없이 갈고닦고 싶다.

혼자서도 아쉬움이 없는 백로처럼 우아하게 나이 들고 싶다. 정신적 노후 대비는 나 자신과 내 아이에게 부담을 주지 않기 위해 지켜야 할 최소한의 품위이기도 하다.

우리에게는
쓸데없는 대화가 필요하다

동호회 총무와 식사를 하다가 흥미로운 이야기를 들었다. 원래 그는 말이 많지도 활달하지도 않았는데 지금은 성격이 완전히 변했다는 것이다. 정기모임에서 분위기 메이커 역할을 해온 그였기에 더욱 믿기 어려웠다.

그는 원래 용건만 말하는 사람이었다. 어린 시절부터 남자는 말이 많으면 안 된다는 교육을 받으며 자랐다. 직업 군인이었던 그의 아버지는 집에 오면 TV만 봤다. 어머니가 말을 붙이면 쓸데없는 소리를 한다며 말을 끊곤 했다. 주로 관사에서 살았기 때문에 주변도 분위기가 비슷했다. 아버지의 잦은 전근으로 친구를 사귀고 어울릴 기회도 적었다.

대학에 들어가서는 동기들이 일상적인 대화를 끊임없이 나누는 것을 이해하지 못했다. 유치하다고 생각했다. '저런 쓸데없는 말을 왜 하는 거지?'

같이 사는 부부도 이야기하지 않으면 서로의 마음을 정확히 알 수 없다. 상대가 어떤 기분으로 하루를 보냈고 무엇을 위해 살아가는지 알 수 없다. 삶의 의미도 공유할 수 없다. 이런 사이는 함께 살면서도 함께 살지 않는 것이나 마찬가지다.

그는 첫 직장에서 아내를 만났다. 그는 그녀의 다정함에 끌렸고, 그녀는 그의 우직함에 반했다. 데이트는 늘 아내가 주도했고 그는 따라다니는 입장이었다.

하루는 그녀의 집에 인사를 갔다가 쓸데없는 소리가 넘치는 가정을 처음으로 접했다. 그런 가정은 TV 드라마에나 나오는 줄 알았다. 어릴 적 그녀가 남동생과 싸운 이야기, 중학교 때 꾀병으로 조퇴하고 아이돌 그룹 생일파티에 간 이야기 등 부모님까지 딸과의 추억을 속속들이 알고 계셨다. 그런 시시콜콜한 이야기를 하다 보니 그의 긴장이 풀렸고 마음까지 편해졌다.

결혼을 한 뒤로는 그 역시 시시한 이야기를 자주하기 시작했다. 말문이 트이자 아내보다도 더욱 말수가 많아졌다.

그는 아내와 퇴근 후에 저녁을 먹으며 그날 있었던 일들을 빠짐없이 이야기한다.

"협력사에 미팅을 갔더니 담당 부사수가 바뀐 거 있지. 업무 파악이 안 된 거 같아서 걱정이긴 하네."

"회사에서 오다가 봤는데 우리가 전에 다니던 음식점이 다른 업종으로 바뀌었더라."

"친구가 톡으로 보내준 농담인데 이거 들어봤어?"

아내도 자신의 하루 일과를 재미있게 들려준다. 맛있는 음식을 즐기며 수다를 떨고 나면 그날의 스트레스가 풀린다. 결혼 전에는 상상도 못했던 시간이 이제는 하루 중 가장 기다려지는 시간이 됐다.

이제 그는 은퇴한 아버지를 뵐 때도 이런저런 이야기를 시시콜콜 전한다. 아버지는 "사내자식이 왜 이렇게 시끄러워졌느냐"면서도 싫은 기색은 아니라고 한다. 남자는 오로지 행동으로 보여줘야 한다던 아버지마저 은퇴 후에는 일상의 작은 즐거움이 고파진 모양이었다.

일상의 대화에서 실을 뽑아내어 애정과 신뢰로 촘촘한 안전망을 짜고 또 짜는 게 가족이 아닐까. 그의 이야기를 들으며 그런 생각이 들었다.

불안을 이기는
어른스러움

"어느 순간 내가 무엇을 위해 사는 걸까 하는 생각이 들더라고요. 집 한 채 생긴다고 행복해지는 것도 아닌데…."

사십 대 초반의 싱글 여성이 말했다. 집부터 마련해야 한다는 압박감에 대출금을 잔뜩 끼고 아파트를 구입했다가 빚을 갚느라 아무것도 즐기지 못하고 좋은 세월을 놓쳤다는 거다.

"여행이라도 한번 맘 편히 다녀올 걸…. 집의 노예로 사느라 이렇다 할 추억 하나 만들지 못했네요. 왜 그렇게 삭막하게 살았는지 모르겠어요."

그녀가 정말 집 대신 추억을 만들며 살았다면 후회하지 않았을까.

오로지 하나의 목표를 향해 산다고 해도 '이루면 성공 아니면 실패'라는 결과뿐인 것은 아니다. 목표를 이루고도 결과가 기대에 미치지 못해 실망할 수도 있고, 실패가 오히려 더 나은 결과를 가져올 수도 있다. 나는 이를 '피카소 현상'이라고 부른다. 피카소의 명언을 통해 싱글 여성의 이야기를 재구성하면 다음과 같다.

피카소의 명언 1. 그림이란 그것을 보는 사람을 통하여 비로소 생명력을 지닌다. 진실이란 존재할 수 없는 것이다.

마시멜로 실험을 알 것이다. 아이들에게 마시멜로를 준 뒤 10분간 참으면 2개를 주겠다고 약속한다. 아이들의 성장 후를 살펴보니, 기다린 아이들이 못 기다린 아이들에 비해 사회적 지위가 높았다. 눈앞의 만족을 지연시킬 줄 아는 능력이 삶의 성취에 중요한 요소라는 교훈을 주는 결과였다.

그런데 마시멜로 실험이 꼭 정답이라고 할 수는 없다. 최근 미국의 한 대학에서 취지를 바꿔 비슷한 실험을 했다. 인내력 등은 비슷하나 경제적 환경이 다양한 아이들을 모아 초콜릿을

줬더니 참아낸 것은 부유층의 아이들뿐이었다. 가난한 집 아이들은 누군가에게 먹을 것을 빼앗길 수 있다는 생각에 기다릴 수 없었다. 처한 상황이나 처지에 따라 나은 선택은 다를 수도 있다는 결과를 보여줬다.

정답은 대개 학교나 시험에 국한되는 말이다. 실제 생활에서 어느 한쪽이 전적으로 옳을 가능성은 낮다. 위에서 이야기한 여성의 예를 들자면, 내 집 장만을 위해 다른 즐거움을 희생한 것과 인생을 즐기며 다양한 추억을 만드는 것 중 어느 것이 나은 선택인지는 아무도 모른다. 다만 지금의 관점에서 놓친 기회들이 더 아쉽게 느껴질 뿐이다.

피카소의 명언 2. 그림은 구상 상태에서 결정되는 게 아니다. 제작 중에 생각이 변하면 그림도 변한다. 또 완성 후에도 보는 사람의 마음 상태에 따라 변화한다.

그녀는 아파트를 무리하게 구입한 것을 후회했지만 나중에는 다행으로 여길지 모른다.

사람은 미성숙한 시기에는 자신의 편협한 취향으로 세상을 살아간다. 그러다가 숱한 변화를 경험하고 생각이 바뀌면서 아주 조금씩 현명해진다. 시행착오를 통해 자기중심적인 생각에서 벗어나 수많은 가능성의 존재를 깨닫게 된다.

그런 과정을 통해 아무리 힘든 시기도 긴 인생의 관점에서 작은 점에 불과하다는 것을 알게 된다. 실패의 순간도 끝이 아니다. 머지않아 찾아올 해피엔드의 시작일 수 있는 것이다.

시간이 지나면 예전에는 상처로 받아들였던 일을, 지금의 나를 만들어준 뿌리라고 인식할 수도 있다. 그때는 죽을 것처럼 힘들었던 고난이 성취를 이룬 뒤에 돌아보면 '세월의 훈장'처럼 여겨질 수도 있다. 그때의 생각이 지금의 생각을 지배하지 못한다. 지금의 관점으로 보면 모든 것이 달리 보일 수 있는 것이다.

이렇게 관점이 확장되는 시기는 사람마다 다르겠지만 대개는 사십 대 이후 정도일 것이다. 단, 나이가 든다고 모두가 넓은 시야를 가지는 것은 아니다. 자신을 꾸준히 돌아본 사람만이 넓은 시야와 자기 긍정의 느낌을 가질 수 있다.

피카소의 명언 3. 나는 항상 내가 할 수 없는 것을 한다. 그렇게 하면 할 수 있게 되기 때문이다.

언제나 중요한 것은 남다르게 볼 줄 아는 능력 즉, 통찰력이다. 인생의 중반 이후 그런 능력을 갖게 되었음을 자각할 때가 종종 있다.

아파트 구입을 후회하던 여성 또한 나름의 통찰력을 드러냈다. "진즉에 대중교통을 이용하고 이런저런 비용을 줄였더라면 최소한 2년에 한 번 정도는 무리하지 않는 선에서 여행을 다녀올 수 있었을 것"이라고 말했다. 한정된 자원 안에서 큰 즐거움을 누리기 위해서는 다른 세세한 만족을 줄여야 한다.

다만 통찰력 그 자체는 힘이 없다. 실수와 실패를 극복하며 꾸준하게 행동해야만 인생이 달라질 수 있다. 철저한 자기 관리만이 능사는 아니다. 때로는 긴장을 풀어주는 지혜도 필요하다. 긴장할 때는 긴장하고 쉴 때는 쉬는 것, 이 타이밍을 정확하게 아는 게 바로 자기관리의 핵심이다.

나는 무엇이든 해보는 게 중요하다고 생각한다. 할 수 없던 것을 거듭 시도한 사람이 결국 원하는 것을 해낼 수 있다. 시도한 것을 이뤄야만 성공하는 것은 아니다. 또 목표를 이루는 것만이 인생의 목적이 될 수 없고, 행복해지는 길도 아니다. 다만 이 과정에서 인생의 정답은 한 개가 아닌 여러 개가 될 수 있다는 유연함을 얻는다. 삶에 대한 태도가 유연할수록 다가올 불안과 두려움을 다른 관점으로 볼 수 있다.

생각해보면 인생은 오랜 시간 마음을 조이고 풀어가며 하나씩 기틀을 세워가는 과정과 같다. 어릴 때는 환경의 뒷받침과 재능이 없음을 탓했지만 나이가 들어가면서는 꾸준하게 시도한 시간의 힘이 얼마나 큰 위력을 가졌는지 절감할 수밖에 없었다.

그런 의미에서 세상에서 가장 힘이 센 말은 바로 '꾸준하게'
가 아닐까 싶다.

에·필·로·그 누군가의 한 사람이 된다는 것

　행복한 삶을 위해서는 가족과 친구, 건강과 돈이 필요하다. 하지만 근본적인 만족을 위해서는 한 가지가 더 필요하다. 바로 '내가 살아가는 이유와 보람을 느낄 만한 그 무언가'다. 마음속 깊은 곳까지 적셔줄 만족의 대상 말이다. 누군가는 그것을 '인생의 사명'이라고도 한다.

　나는 온화하고 자애로운 어른으로 살아가고 싶다. 지금까지처럼 인생이라는 산의 능선을 타고 오르락내리락하겠지만 오늘을 더 많이 배우며 감동하고 내일이 기대되는 성숙한 삶을, 나머지 절반 동안 살아가고 싶다. 그런 삶이 나의 긍지가 될 것이라고 믿는다.

　내가 가장 좋아하는 이야기로 이 책을 마무리하고 싶다.

　1955년, 미국 하와이 제도에서 네 번째로 큰 섬 '카우아이'에서 833명의 아기가 태어났다. 이 아이들을 대상으로 30년이 넘는 기간 동안 초장기 대규모 심리학 실험이 시작되었다.

　신생아 중 201명은 '고위험군'으로 분류됐다. 알코올 중독이

나 범죄에 연루된 문제 부모에게서 태어났기 때문이었다. 연구에 참여한 심리학자 에미 워너는 고위험군 아이들의 성장 과정을 추적하며 집중적으로 분석했다.

고위험군 아이들의 삶은 예상대로였다. 상당수가 학습 장애와 학교생활 부적응 증세를 보였고, 심각한 정신 질환을 드러내는 경우도 다른 표본 집단보다 높았다.

하지만 전부가 그런 것은 아니었다. 고위험군 가운데 3분의 1에 해당하는 72명은 모범적이고 진취적으로 성장했다. 유복한 가정의 아이들 못지않게 학교 성적이 우수했으며, 무엇보다도 삶에 대해 긍정적인 태도를 지니고 있었다. 반듯한 행동으로 칭찬을 받는 경우도 많았다.

에미 워너는 이들의 특별한 공통점을 발견했다.

성장 과정에서 이 아이들을 이해하고 응원해준 어른이 한 명 이상 있었다는 점이었다. 부모가 여의치 않을 경우 조부모, 삼촌, 이모… 그 누구라도 상관없었다.

에미 워너는 그 누군가의 진심으로 인해 아이들이 절망에 굴하지 않는 '회복탄력성'을 스스로 키울 수 있었다고 분석했다.

단 한 명이라도 괜찮았다. 그 한 명이 기댈 언덕이 되어주면 아이는 절망적인 환경에서 자신을 구해낼 수 있었다.

나는 힘들 때 이 이야기를 읽으며 위로를 얻는다. 이야기에서 강렬한 희망의 메시지를 보고 또 본다.

한 사람으로도 충분하다는 것.

나 또한 삶의 중요한 고비에서 손을 내밀어준 사람들 덕분에 어려움을 헤치고 오늘까지 달려올 수 있었다.

인생의 절반을 통과하는 지금, 나는 이제야 내가 할 일을 찾은 것 같다.

나 또한 누군가의 기댈 사람, 그 한 사람이 되고 싶다.

당신이 이곳에서 마쳐야 할 사명이 끝났는지

아직 끝나지 않았는지 알아보는 방법이 있다.

당신이 살아 있다면 그 사명은 여전히 끝나지 않은 것이다.

- 리처드 바크Richard Bach

국립중앙도서관 출판예정도서목록(CIP)

어른의 것 / 지은이 : 한상복. -- 고양 : 위즈덤하우스, 2016
p. ; cm
ISBN 978-89-6086-289-0 03320 : ₩ 13800

자기 계발[自己啓發]

325.211-KDC6
650. 1-DDC23   CIP2016025198

불안한 세상에서 나를 지켜내는 힘
어른의 것

초판 1쇄 인쇄 2016년 11월 17일   초판 1쇄 발행 2016년 11월 24일

지은이 한상복   펴낸이 연준혁

출판 6분사 분사장 이진영
편집장 정낙정
편집 박지수 이경희 조현주   디자인 이창욱

펴낸곳 (주)위즈덤하우스 출판등록 2000년 5월 23일 제13-1071호
주소 경기도 고양시 일산동구 장항동 846번지 센트럴프라자 6층
전화 031)936-4000 팩스 031)903-3893 홈페이지 www.wisdomhouse.co.kr

값 13,800원   ISBN 978-89-6086-289-0 03320

• 잘못된 책은 바꿔드립니다.
• 이 책의 전부 또는 일부 내용을 재사용하려면 사전에 저작권자와
  (주)위즈덤하우스의 동의를 받아야 합니다.